はじめて部下を持ったら読む

員の
ーム
ネジメント

安部浩成［著］

学陽書房

はじめに　公務員はチーム力！

本書は、はじめてチームマネジャーになった自治体職員に向け、「チームマネジメント」の方法や心構えを記したものです。

「チームマネジメント」とは、チームの長である「チームマネジャー」が、チームとしての成果を達成できるように、チームメンバーなどの資源をうまく活用することを意味します。

自治体における最小のチームは係であり、その長である係長は、チームマネジャーです。同様に、課というチームを率いる課長もチームマネジャーです。このように、組織の大小の差はありますが、職長は全てチームマネジャーと呼ぶことができます。

そして、自治体でその能力がはじめて試されるのは係長に昇任したときであり、係長こそがチームマネジメントに最も悩む存在といえます。そこで本書では、係長を主眼にチームマネジメントを論じますが、その内容は、課長など全てのチームマネジャーにも通用するものとなっています。

ところで、我が国においてマネジャーといえば、体育系部活動における「マネージャー」が想起され、洗濯やスコアの記録をする姿がイメージされます。しかし、英語の manager は、監督を意味しており、イメージはだいぶ異なります。

実は、体育系部活動における「マネージャー」が行う洗濯などは手段であり、その目的・本質は、「一人ひとりがベストの力を出し尽くせる環境整備」にあるのです。

ラグビーワールドカップで日本代表が初のベスト8進出を果たし、日本中が熱狂に包まれたことは、記憶に新しいと思います。

ラグビーは1人の優秀な選手だけでは得点＝成果に結びつかない競技です。背が高い・低い、細身・体格がいいなどの違いに加え、7か国・15人の海外出身者で構成された、さまざまな個性を持つ31人の代表選手は、ジェイミー・ジョセフヘッドコーチの下で練習を重ね、一丸となって試合に臨み、成果を上げました。

ジョセフヘッドコーチが掲げたテーマ「ワンチーム」は、令和初の新語・流行語大賞を受賞しました。授賞の説明には、「選手たちの思い、心が一つにならなければチームとして機能しない」と書かれています。One for all, all for one を体現したチームプレーこそが、チームを勝利に導いた要因の一つであるに違いありません。

このことをチームマネジメントの観点から眺めると、ジョセフヘッドコーチは、チームマネジメントに成功した類まれな「チームマネジャー」といえるでしょう。


さて、マネジャーとはチームをマネジメントする者を意味しますが、同様にチームを率いる者を指す言葉には、リーダーもあります。両者の違いは何でしょうか。

マネジャーは、マネジメントする「権限を与えられた」者を指しますので、チームに一人しか存在しません。財源、人材のような与えられた資源を活用し、チームが成果を上げられるように「マネジメントする＝何とかする」者です。

これに対して、リーダーは、チームを「一定方向に導く」（リードする）者を指し、ときに複数存在します。たとえば、卓越した知識や技能を持つベテランがリーダーとなるケースや、一つの組織でも業務の数だけリーダーが存在する場合もあります。リーダーは、リーダーシップを発揮し、組織を一定方向に導くことになります。

マネジャーとリーダーを混同しやすいのは、両者は度々重なり合うためです。

具体例で見てみましょう。係員から持ち上がりで係長となった場合は、もちろん、マネジャー兼リーダーとして、直ちに両方の機能を担うことができます。

一方、新任の係長が未経験の部署に異動してきたとき、部署の業務は未経験であるため、業務の指導や指揮の能力は低いかもしれません。しかしこの場合、係長がベテランスタッフをリーダーに指名し、業務の指揮をとってもらうことができます。また、チームに複数の業務があれば、それぞれに通暁した人をリーダーに充てることもあります。しかし、最終的に決裁するのは、その権限を有するマネジャー、係長です。

ところで、優秀な成績を上げたスポーツ選手が監督に就任した際に、必ずしも優秀な成績を上げられないのは、よくある話でしょう。個人としての力量とチームのマネジメント能力とは異なり、マネジャーとしての役割を果たせるかは、チームマネジメントがうまくいくかにかかっています。この本では、スタッフとチームの力を最大限に引き出し、皆で成果を上げるための、具体的なマネジメント方法をお伝えします。

本書が部下のマネジメントに悩む公務員の解決の一助となれば、望外の喜びです。

安部　浩成

目次◆はじめて部下を持ったら読む　公務員のチームマネジメント

第1章 チームマネジャーへと「脱皮」する

第2章

多様なスタッフの理解者となる

第3章

タイプ別スタッフの対応法

第4章 チームのミッション・ビジョンを分析する4つのステップ

第5章

スタッフとミッション・ビジョンを共有する4つのステップ

第6章

個人の力を最大限引き出すチーム化のツール

第7章 「あの人の下で働いてみたい」と言われるマネジャーの心得

第1章

チームマネジャーへと「脱皮」する

「自分」で「動く」ことと違い、難しいのは「他人」を「動かす」ことです。まずは、「他人」を「動かす」ことができるマネジャーになるための心構えを解説します。

1

役割の変化に気付く

係員との役割の違い

皆さんの自治体は、どのような職制となっているでしょうか。

仮に、主事補―主事―主任―係長―課長補佐―課長―部長という職制であるとしましょう。

この中で、最も大きく役割が変わるのは、**主任から係長につくとき**です。

これまでのキャリアで、皆さんも、主事補から主事へ、主事から主任へという昇任は経験しているはずですが、この昇任の前後で、大きく変わったことは何かあったでしょうか。もちろん、責任は少しずつ増し、たとえば主任であれば、割り振られた一定の範囲の中で、仕事を主導していくことが求められてきたはずです。

しかし、主事補―主事―主任は、同じ「担当者」「係員」という立場でした。

これに対して、係長以上には「長」が付くことからも明らかなように、一つの組織を代表する者となるということなのです。

すなわち、割り振られた仕事をするのではなく、仕事を割り振る側へと変わります。係員が５人いるとすれば、その５人の誰にどの仕事を割り振るかは係長の仕事です。担当者が実施した仕事にミスがあれば、その責任は、係長にも問われます。

担当者がトラブルに遭い、仮に「責任者を出せ」と言われたとき、対応しなければならないのは係長です。

また、前任の係長から引き継いだ仕事を連綿と実施しているだけでは、時代の流れから取り残されたり、行政ニーズからかけ離れたりしてしまうかもしれません。時代の変化に気付き、方向性を改めるよう導くのも係長の役割の一つです。

この**「役割の変化」を十分意識する必要があります。**

役割の変化を人事評価表から読み解く

実は、「役割の変化」を端的に示すものがどの自治体にもあります。それは、人事評価表です。

ある自治体の人事評価表は、次のような配点となっています。

	成績評価（仕事の成果）	マネジメント（組織運営）	マネジメント（育成指導）	マネジメント（人材育成）	マネジメント以外の能力評価	行動評価
主事	15				40	45
主任	20		5		35	40
係長	25	5	12		28	30
課長補佐	30	8	8	12	22	20
課長	40	5	8	10	21	16
部長	50	10	5		25	10

ポイント

役割が最も大きく変わるのは、係長に昇任したとき

マネジメントがはじめて登場するのは主任のときですが、主任クラスにおけるマネジメントとして例示されているのは、育成指導、つまり、後輩への支援です。先輩が後輩へ仕事を教えるのは当然のことといえるでしょう。

マネジメントに、育成指導だけでなく組織運営が加わるのは係長のときです。これに加え、係長では、育成指導の配点が突出して高くなっています。はじめて持つ部下の育成指導に忙殺されながら、はじめての組織運営にとまどう係長の姿が目に浮かびます。

このように、人事評価表は、単に人事評価のときだけ見るのではなく、自分の今の職制で何が求められているのか、また、次の職制で期待されているものは何かを把握することにも役立ちます。

皆さんの自治体ではどのような人事評価表になっているでしょうか。

2

チーム力は「たし算」ではなく「かけ算」

個人の能力の総和≠チーム力

皆さんのチームに、あなたを含め6人のメンバーがいると仮定しましょう。

この6人の能力の総和は、単純に、「1人分＋1人分＋1人分＋1人分＋1人分＋1人分＝6人分」と求められるはずです。

しかし、そう簡単にはいかないことは、皆さんも経験でおわかりのとおりです。では、なぜ違うのでしょうか。

第一に、「一人ひとりの能力の差」があります。

仮に、平均的な職員の能力を1人分とすると、経験のあるベテラン職員の能力は1・2人分、転入したばかりの職員の能力は0・8人分と想定できます。皆さんのチームが、ベテラン３人と転入者３人としましょう。この場合でも、このチームの能力の総和は、「（１・２人分×３）＋（０・８人分×３）＝６人分」となるはずです。

しかし、ベテランでも、２人分の能力を持つ人もいれば、０・９人分の能力しかない人もいて、同じことは転入者にもいえます。そうなると、６人チームの能力の総和は、６人分にはならなくなってきます。

第二に、「スタッフが、持てる能力の全てを発揮できるとは限らない」ということがあります。たとえば、ベテラン職員と転入者との間で風通しが悪く、転入者への指導が行き届かず、その能力が十分に発揮できない場合です。

先ほどのベテラン職員を１・２人分、転入者を０・８人分とした例では、ベテラン職員が転入者をフォローし、全体としてチームに求められる力を発揮するスタイルを仮定しています。しかし、チーム内の風通しが悪い場合、転入者は、０・６人分の仕事量しかこなせないかもしれません。

この結果、転入者の経験値分と、力を発揮できない分で不足する０・４人分の仕事は、別の職員が補うことになり、チーム内に不満が発生することが考えられます。

第三に、「スタッフが、持てる能力の全てを発揮するとは限らない」ということもあります。スタッフが、皆さんのやり方や組織の方針に不満を持っていたり、仕事へのやりがいを見失い、サボタージュしていたりするケースです。

「チーム力はかけ算」の意味

第二のケースのように、チーム内に不満が発生し、これを**チームマネジャーが気付かない、または気付いても放置している場合、負の連鎖は拡大**します。ちょうどオーケストラで、1人が発した不協和音が、1人の失敗にとどまらずにオーケストラ全体の失敗につながってしまうように。

式にすると、ほかの5人が全力で働いても、1人が働けない、働かない場合、仕事量は、「1人分＋1人分＋1人分＋1人分＋1人分＋0人分＝5人分」です。しかし、チーム全体のハーモニーとして見ると、「1人分×1人分×1人分×1人分×1人分×0人分＝0人分」となってしまいます。

これは、不足する1人分の仕事を誰かの犠牲により補うことで、表面上は何とか仕事をこなしつつも、チームとしては崩壊している状態であり、この状態は一時的には持ちこたえられますが、長くは持ちません。

ポイント
チーム化に成功すると相乗効果が生まれる

コントロールできる条件に働きかける

第一の「生来の能力差」を、他人である皆さんがコントロールすることは物理的に不可能です。マネジャーが動かすことができるのは、第二、第三の条件です。

チーム内の風通しがよく相互補完関係が成立するとともに、スタッフ全員が組織目標達成のために同じ方向を向いているときにこそ、個々の能力の総和を超え、さらなる付加価値が加わる相乗効果が生まれます。この結果、総勢６人という実人数を上回るパフォーマンスが発揮できることもあるのです。

このように、よいハーモニーが奏でられるように導くのは、指揮者＝マネジャーの役目です。

3

チームマネジャーに求められる4つの役割

チームマネジャーには複数の役割があります。ここでは特に重要な4つの役割を見てみましょう。

役割① プレイングマネジャー

今日、どの自治体でも定員適正化に取り組み、スタッフが起案した案件の決裁だけでなく、マネジャー自らも何らかの実務を担当していることが通例でしょう。この場合に陥りがちな罠があります。それは完全にプレーヤーになってしまうことです。

スタッフとともに実務にいそしむ姿は、一見して理解ある上司に映ります。しかし、実務に埋もれてしまってはいませんか。また、過度にスタッフの肩代わりをして、スタッフが成長する機会を奪ってしまってはいませんか。

マネジャーは、プレーヤーではありません。マネジャーは組織に1人しかいません。そのマネジャーが実務に埋もれていては、マネジメント不在となり、それはチームとはいえません。

あくまでもプレイングマネジャーなのです。**実務とマネジメントとのバランス**を絶えず意識しましょう。

役割②　第一責任者

自治体には全国共通の法定受託事務がありますが、その執行方法は、47都道府県、1741の市区町村ごとに異なります。自治事務ではなおのことです。自治体における行政サービスの内容を決め、その実現に必要な財源を確保し、実施する。その第一責任者は、マネジャーである皆さんです。

役割③　対外説明、クレーム対応

マネジャーが第一責任者として決めた行政サービスの内容について説明責任を果たすのは、第一義的には担当者ですが、説明する相手が議会やメディアなどの場合は、マネジャーです。議会への説明、メディアへの対応には、説得力を持った納得性の高い説明が求められます。

また、スタッフが起こした業務上のトラブルは、まずはそのスタッフが解決すべきですが、それで収まらない場合は、上司であるマネジャーの出番です。その際、気を付けなければならないのは、スタッフ側と住民側とのどちらにどれぐらい立つかというバランスです。

スタッフ側に非がある場合は当然謝罪しますが、スタッフの人格まで否定するような言葉を使った謝罪は、チーム化とは逆方向の結果をもたらします。まずはスタッフにトラブルを起こさせる結果に至らせた自らの指導力不足を詫びましょう。そのうえで、トラブル解決後にそのスタッフに必要な指導を行います。

一方、住民側に非がある場合もあります。たとえば、福祉サービスの提供基準に満たない場合、いくらクレームを言われても、基準を曲げるわけにはいきません。この場合、困っている住民側の気持ちには寄り添いつつも、サービス適用対象からはずれる理由を毅然と説明し、納得を得る努力が必要です。

マネジャーの対応を、スタッフは見ています。

役割④　部下の責任を負うこと

部下が不祥事を起こした場合、マネジャーにはその監督責任が問われることがあります。公務員に対して社会の目が厳しい理由は、それだけ高い倫理観が備わっているはずだという期待の裏返しでもあります。**「ノブレス・オブリージュ」**という言葉を聞いたことがあるでしょうか。「高貴な者にはそれに見合って果たさねばならない社会的責任と義務が伴う」という意味のフランス語です。公務員が高貴かはさておき、この言葉の含意を自ら意識するとともに、スタッフにも理解させなければなりません。

報道された不祥事をもとに、公務員の場合は、なぜちかんで実名報道されるのか、なぜ飲酒運転で懲戒免職となるのか、自らの上司が自らの言葉で語ることは、全庁的に行われるコンプライアンス研修とはまた違った効果を生み出します。

ポイント

「チームマネジャー」＝「プレイングマネジャー」≠「プレーヤー」

4 ワンマンはチーム化失敗の原因になる

ワンマン度4つのチェックポイント

「ワンマン社長」という言葉を聞いたことがあるでしょう。この言葉に、皆さんはどのような印象を抱きますか。

一般に、「ワンマン」には次の特徴があるとされています。

・自分が常に正しいと思っている
・スタッフの気持ちを察することができない
・仕事を人に任せられない
・内容や方針が簡単に変わる

自分で「私はワンマンマネジャーだ」と思っている人はまれでしょう。では、皆さんの普段の行動の中で、当てはまるものはありませんか。あれば要注意！　知らず知らずのうちにワンマンマネジャーになっているかもしれません。

悪い例……他山の石として

それでも、「ワンマン社長」は成立します。意にそぐわない社員は辞めさせることができるのですから。

しかし、公務員にワンマンマネジャーは成立しません。分限理由や懲戒理由がなければ退職させることはできないからです。さらに、**公務員は、１人で成果を上げるのではなく、チームで成果を上げる職業。**そこが苦しくもあり、醍醐味でもあるのです。

実は、私には苦い経験があります。係長立候補制度が千葉市で導入された際の一期生として係長へ昇任し、意気軒昂に着任しました。朝は誰よりも早く出勤し、その日やるべきことを整理し、係長として判断すべきことをスピーディーに判断して、円滑に係を回している……つもりでした。しかし、逆でした。

ある日、職員が遅刻してきました。その職員は、遅刻の理由を説明することなく、何事もなかったかのように自席に着いたため、どなってしまったところ、「恐怖感を覚えたので帰ります」と本当に帰ってしまいました。

また、外部委員で構成する会議の開催を翌日に控えた夕方、別の職員から会議資料がまだできていないと報告を受けました。私は、そのような事態に陥ったことを責め、徹夜してでも作成するように告げて帰宅しました。翌朝、資料は仕上がっていたのですが、「昨日、なぜあのような言われ方をしたのか納得がいきません」と泣かれてしまったことがあります。

本書の読者は、チームマネジメントに悩み、その解決方法を求める、意識の高い方々だと思います。だからこそ、他山の石としていただきたい。

ちなみに、その年度の私の人事評価には、「空回りしているきらいがある」と書かれていたことを痛切に覚えています。

スタッフの気持ちに寄り添う

それではどのような対応がチームマネジャーとして正解だったのでしょうか。

遅刻の例では、その職員は遅刻常習者ではありませんでした。その日は特別な事情があったのかもしれません。まず、「今日は何かあったのではないかと心配したよ」

と心を寄せるべきでした。次に、理由を尋ね、そのうえで、社会人として次回からは自ら説明するよう説諭すればよかったと考えています。

資料遅延の例では、遅延したまま、ずるずると前日を迎えてしまったことに、本人も不安や焦りを感じていたはずです。進捗状況の中間報告を求め、方向性のすり合わせをし、必要に応じて作業分担すべきでした。

後から思えば解決策を見つけることができるものの、そのとき直情的な行動に出てしまうのは、我を忘れているからです。**クールダウンしてから対応**しましょう。

私は、その後２つの部署で係長を経験しました。はじめての係長のときの反省を踏まえ、スタッフに寄り添うアプローチへと変えたところ、自分よりも経験豊富なベテラン職員からも支持を獲得することができました。その方法を説明していきます。

ポイント

要チェック！　ワンマンに、気付かぬうちになっている！

5

持ち上がりで昇任したら、役割変化に注意

持ち上がり昇任の長所

これまでと同じ部署で昇任してチームマネジャーになることを、本書では「持ち上がり昇任」と呼ぶこととしましょう。持ち上がり昇任の長所は容易に挙げることができます。

①業務に精通しているため、業務内容を新たに勉強する必要がない
②業務に精通しているため、直ちにスタッフに指示ができる
③関係者と面識があるため、調整がスムーズにいく

いいことづくめのように感じられます。

持ち上がり昇任の短所

しかし、一見長所に見える事柄も、裏から見ると短所が見えてきます。

①業務に精通しているため、仕事の仕方を変えようとしない

②業務に精通しているため、新任スタッフには「習うより慣れろ」が当たり前と、効果的な知識習得の機会を与えない

③関係者と面識があるため、癒着の恐れがある

①について、業務内容は同じでも、それをどのように執行するか（仕事の仕方）は常に検討する必要があります。まず、これまでのやり方を振り返ってみて、それがベストのやり方なのか、ＰＤＣＡサイクルを回さなければなりません。

たとえば、啓発事業で住民に粗品を配っていたとします。果たして粗品を配ることが、成果（住民の行動変容）につながっているのでしょうか。さらに、技術は日進月歩です。これまでマンパワーで実施してきた仕事の中に、機械化や電子化に切り替えたほうが有効なものがあるかもしれません。

また、ほかの部署から転入してきたスタッフならではの気付きを無視してはいけま

せん。せっかくの進言をチームマネジャーに無視されると、スタッフはマネジャーに幻滅し、二度と提案しなくなるでしょう。粗削りでもまずは受け止めることです。

②について、かつては同じ部署で10年以上仕事をするようなことがありましたが、現在では、人事異動のペースは速くなっています。やっと一人前になったころには次の異動、ということではスタッフ本人もチームも困ってしまいます。そもそも、知識や技能の習得が個人の努力のみにゆだねられているという状態は、組織的な課題です。

③にコンプライアンス上の課題があることは論を俟たないでしょう。

①、②は、皆さんがプレーヤーから脱していない、筆頭プレーヤーの地位に安住してしまっていることに起因するものです。「持ち上がり昇任」の場合、これまでの延長線上で仕事をしてしまう弊害に陥りがちです。しかし、皆さんは、その組織に１人しかいないマネジャーなのです。**プレイングマネジャーである必要はありますが、筆頭プレーヤーに堕《だ》することのないよう、注意が必要です。**

持ち上がり昇任であるからこその改善・改革を

「持ち上がり昇任の長所」の①で、「業務に精通しているため、業務内容を新たに勉強する必要がない」ことを挙げました。それでは、その空いた時間を何に充てるべきでしょうか。それは、業務に精通しているからこそできる**業務改善・業務改革**です。

スタッフとして業務を担っていたときに気付いていたアイディアがあれば、それを実現するチャンスです。また、近隣自治体では同様の業務をどのように行っているか、情報交換し、より効果的・効率的なやり方があればそれを採用することもできます。

さらに、業務マニュアルや研修テキストを作成し、スタッフが早期に知識を習得できるよう先導することも可能です。**「あなた個人の知識」を「チーム全体の財産」に**昇華させましょう。

ポイント

筆頭プレーヤーに堕さない

6

落下傘で着任したら、独断専行はNG

内示が出たら、まず準備は念入りに

これまでに経験したことのない部署にチームマネジャーとして着任することを、本書では「落下傘着任」と呼ぶこととしましょう。

とかく落下傘着任の場合は不安が募り、一方で功を焦るものです。でも大丈夫！落下傘着任は決してイレギュラーではなく、これまでの先輩も乗り越えてきました。ひと月も経てば前からいたかのようにこなしています。ちなみに、私は、係長として3つ、課長補佐として1つ、課長として3つの部署を経験してきましたが、全て落下傘です。

落下傘着任の場合、①業務内容がわからず、②スタッフとの面識もなく、③職場風土も異なるので、不安が大きいことでしょう。この3要素のうち、②スタッフや③職場風土は実際に行ってみなければわかりません。しかし、①の業務内容については、**公表されている事業報告書やパンフレットで予習する**ことができます。

業務内容は、着任時に、前任者やベテラン職員から概説されることと思います。しかし、予備知識ゼロの状態で説明を受けると、全てが初耳で、どこがポイントか、何を質問していいのか、わからなくなってしまうものです。

また、ゼロベースで全て聞く姿勢では新規採用職員と同じであり、ベテラン職員からは不信を買います。

そのため、予習し、大要をつかむことが大切です。そうすることで、緩急を付けて概説を聞くことができるとともに、ポイントに素早くたどり着くことができます。疑問点を明らかにして臨めば、的確な質問を繰り出すことができ、この結果、説明者に余分な負担を掛けずに済みます。

経験者に聞く

着任する部署の経験者を知っていれば、その方に情報を求めるのもいいでしょう。

現役職員からよりも、適切なアドバイスが得られるかもしれません。特に、業務上の課題、スタッフ間の人間関係、職場風土といったセンシティブな情報は、その部署のOB・OGの方が本音を語ってくれるかもしれません。

ただし、その方のバイアスが掛かっている可能性もあるので、あくまでも参考程度にとどめましょう。

郷に入れば郷に従え

内示後に、事業報告書やパンフレットで予習し、経験者からの情報で人間関係や職場風土を理解して、準備万端で着任。着任後に行われる前任者やベテラン職員による業務の概説もあらかた理解できたとします。

しかし、それだけを過信してはいけません。その部署には営々と積み重ねられてきた伝統があります。その知見は、一朝一夕にマスターできるものではないのです。**事前に改善の余地があると思っていた事柄も、何らかの経緯があってそのようになっているのかもしれません。**行政には、「最少の経費で最大の効果を上げる」改善・改革の視点とともに、サービスの激変緩和の観点から安定性・継続性も求められます。

「郷に入れば郷に従え」と言われるように、まず半月は様子を見ましょう。スタッフも、新たなチームマネジャーである皆さんの様子を見ています。着任したてで問い合わせ対応も十分にはできず、また、スタッフとの人間関係も構築できていない段階で、独断専行の改革風を吹かせると、「勝手にやれば」と反発は必至です。

旗を振っているつもりが、振り返れば誰もついて来ていない、裸の王様になってしまうかもしれません。場合によっては、皆さん自身がトラブルメーカーになってしまうこともあるのです。

スタッフを巻き込むことに成功できなければ、改善・改革はできません。少なくとも、これから一年間を共に過ごす仲間です。腰を落ち着けて、スタッフにも納得してもらえるスピード感とアプローチで臨みましょう。

ポイント

最初の半月は、人間関係の構築期間

COLUMN 1 はじめは上司として認められていない!?

◎ドキドキ！　初入室

私は大学生のころ塾講師をしていたのですが、先輩講師から受けた助言が今でも心に残っています。それは、「はじめての授業で入室するとき、生徒は、牛小屋に入ってきた人を吟味する牛と同じように、講師を吟味している」ということです。この人はエサをくれる人（味方）なのか、屠畜場へ連れて行こうとする人（敵）なのかはわかります。

昇格して初入室する際には、皆さん自身緊張しているはずです。しかし、そんな皆さんも見られています。自信を持って、しかし、不遜となることなく、少し大きめな明るい声であいさつして入室しましょう。

◎「部下」ではなく「スタッフ」

私は「部下」という言葉をなるべく使わないようにしています。この言葉は上下関係を内包しているからです。その代わりに「スタッフ」という言葉を使っています。「うちの部下」ではなく、「うちのスタッフ」といった感じです。本書の解説でも、明確に上下関係を含意させる必要があるときを除いて、「部下」ではなく「スタッフ」を使っています。

◎これまでの上司の長所は盗んで、短所は反面教師にする

少し前、スタッフであったときを思い浮かべてみましょう。皆さんは何人の上司に出会いましたか。

これまでの上司のマネジメント方法は、全て同じでしょうか。上司によって、やり方に違いがあったのではないでしょうか。これまでの上司のマネジメント方法の中で、よい印象を受けたことはまね、そうでなかったことは自らのスタッフには繰り返さないようにしたいですね。

皆さんの影響力はこれまでより増しています。大切なのはそれを意識して振る舞うことです。

人は、命令で動くよりも先に、ハートで動きます。同じ指示でも、好感を持っている上司からの指示であれば即座に対応しますが、好感を持てない上司からの指示は後回しとなってしまうもの……ですよね？

第2章

多様なスタッフの理解者となる

ひとつの強いチームをつくるためにも、まずはスタッフのことを知り、育てることが必要です。ここでは、マネジャーとして、スタッフとどのように関わるべきか、みていきましょう。

1

役職ではなく「さん」付けで呼んでもらう

野球型／サッカー・ラグビー型マネジメント

チームマネジメントの代表例としてよく取り上げられ、比較されるものに、野球型とサッカー・ラグビー型があります。

野球型マネジメントの場合、選手はホームランを打ちたいと思っていても、監督から送りバントの指示が出れば、これに従います。守備のときは、自分の守備範囲に球が飛んでこなければ仕事はありません。また、9人のうちの一部の選手であるピッチャーやバッターにスター選手がいることは、大きな強みです。

一方、サッカー・ラグビー型マネジメントの場合、選手はグラウンドに出たら監督の指示を仰ぐことができず、時々刻々と動く流れを自ら読み、自ら動くしかありません。

そのうえ、パスがうまくつながらないとゴールにはつながりません。

これを労働現場に置き換えてみましょう。野球型マネジメントは工場に適しています。工場長の指示の下、工員が各々の持ち場で、決められた部品を決められた数量だけつくります。各々の工員が、よかれと思っても違う部品をつくってしまったら製品は完成しませんし、指示より多くの部品をつくってしまったら余剰在庫を抱えることになってしまいます。したがって、工場長の指示は絶対です。

これに対し、**公務員のチームマネジメントはサッカー・ラグビー型**が主流です。定員適正化によりスリム化し、余剰人員のない現代の組織では、スタッフは、マネジャーの指示を待って動く「指示待ち要員」では務まりません。

呼び方は職場風土の引き写し

スタッフが自ら考え動かなければ機能しない現代の組織ですが、スタッフには、より一層現場に近いからこそ、よいアイディアが芽生えることがあります。そこで、そのアイディアを気軽に話せる職場風土づくりが大切です。

皆さんの自治体では、「係長」「課長」と役職名で呼ぶのが一般的でしょうか。実は、役職名には上下関係が含意されています。「社長様」という用法は誤りという話を聞いたことはありませんか。「社長」そのものが尊称であるため、「様」を重ねると二重敬語となるのです。

アイディア出しの会議でお互いを呼び合う際に役職名が入ると、フラットな議論が阻害されます。マネジャーであれスタッフであれ、**よりよいあり方を目指す1メンバーであり、そこに上下関係は不要**です。ぜひ、上下関係を内包する役職名ではなく、「○○さん」と呼んでもらうことを奨励し、平等・自由闊達な意見交換がしやすい職場風土をつくりましょう。

善い人が良い糸をつくる

このことに取り組んでいる企業があります。衣料品メーカーのグンゼです。

郡是製糸（現グンゼ）初代社長の波多野鶴吉は、「一度会社に入れた以上は自分の娘として入れたわけであるから、どんなことがあっても退社させず、よく面倒を見て立派な人に仕立てなければならない」と工員を育てたそうで、一人ひとりを尊重するという考えは「〝さん〟づけ運動」につながり、これを奨励するイラスト付きポスターが社内に貼ってあるそうです。少し長くなりますが、引用して紹介します。
「〝さん〟づけ運動」はわかっていても、つい「社長」とか「部長」と肩書きで呼んでしまうことは多いですね。それを部下にだめだと叱るのもどこかおかしいですし、強制するのも本末転倒という気がしますが、ポスターには、たとえば社長の似顔絵があって吹き出しのセリフは「児玉さんと呼んでください」「社内では児玉社長ではなく〝児玉さん〟と呼びましょう」という標語がつけられています。

（『驚きの地方創生「京都・あやべスタイル」〜上場企業と「半農半Ｘ」が共存する魅力〜』蒲田正樹、２０１６年、扶桑社新書）

私は、着任時に「さん付け」を口頭でお願いし、さらに、娘が描いた私のイラストに「どうぞ安部さんと呼んでください♪」という吹き出しを加えたものを自席背後の壁とパソコンの背に貼っています。皆さんもいかがですか。

ポイント

スタッフとのフラットな関係づくりは呼び方改革から

2

スタッフの属性、考え方は十人十色

動機や属性が異なるスタッフの存在

今、チームには何人のスタッフがいますか。その人数と同じ数だけ個性があり、たとえばスタッフごとに、自治体に入った動機は異なります。「我がまちをよくしたい」と意欲に燃えて入った人もいれば、「ほかに合格しなかったため隣町から仕方なく」「公務員は楽そうだから」「民間企業で燃え尽きて」……動機はさまざまですが、どれも間違っているわけではありませんし、それを非難することはできません。

属性はどうでしょう。男性・女性、ＬＧＢＴの人もいるかもしれません。年上・年下、中には年齢と役職の逆転もあるでしょう。未婚・既婚、職員同士で結婚したが離婚してともに在職している人、子どもの有無、要介護状態にある親の有無……属性が完全に一致する人はいるでしょうか。

重要なことは、動機や属性、考え方が異なるスタッフが存在する、その事実を**理解し、その中で皆を束ねるためにはどうしたらよいか意識する**ことです。

チームマネジメントのために個人情報を得る

ただし、今の世の中、属性を知ることは困難になっています。家族関係に関することはプライバシーであり、特に、結婚しているか否かを聞くことはセクシャルハラスメントとなる恐れもあります。仕事に直接関係があるかと問われれば、直接的には関係ないと答えざるを得ません。しかし、皆生身の人間です。たとえば、離婚の危機にある、引きこもりの子どもがいる、認知症の老親を１人で介護しているといった私生活上の出来事が、仕事に影響することもあるかもしれません。そして、マネジャーである皆さんを含め、それは誰にでも起こり得ることなのです。

そこで、**無理のない範囲内でこうした情報を得ておく**ことは、相互理解とチームマネジメントのためには望ましいといえます。

個人情報の収集は自己開示することから

では、どのように情報収集すればよいのでしょうか。

まずは、チーム全体の前で、**自分の情報から出してしまう**ことです。「私には中学3年の男の子がいます」といえば、「受験で大変でしょう」「反抗期は大丈夫ですか」と声を掛けてくれるきっかけとなります。ひとしきり自分の話をしたうえで、「ところであなたのところはどうですか？」と尋ねてみましょう。

次に、面接の機会をとらえます。しかし、いくら別室での個別面接といっても、「あなた、結婚してますか？」などといった踏みこんだ質問はいけません。

そこで、次のような問いかけはいかがでしょう。

「私はワークライフバランスの実現が大切だと考えています。オフでの充実はオンでのよい仕事につながり、オフでのトラブルはオンでのミスにつながることがあります。もし家族関係などで困ったことがあれば、差し支えなければ話してくださいね。多少なりともアドバイスできるかもしれないので……」

このように問いかければ、「いいえ、私は未婚なので」などと気軽に話してくれるかもしれません。しかし、それ以上の深入りはいけません。

個人情報の収集は、あくまでもチームを円滑に回すことが目的です。**本人から取得すること、強制しないこと、他に漏洩しないことが鉄則**です。これを破ると、反対に信用を失墜してチーム化に失敗することになり、チームマネジャーとして失格です。

また、一人ひとりの考え方も把握しましょう。たとえば、課・係に比較的長期間在籍するスタッフは、そのことに満足しているかもしれませんし、不満を持っているかもしれません。そこで、「○○さんは5年目になりますね。これまでの御苦労に感謝しています。ベテランとして貢献していただいていますが、今後はどう考えていますか？」などと自然に問いかけてみましょう。スタッフとしては、マネジャーが自分をリスペクトしてくれていることがわかったうえなので、本音を述べやすくなるのではないでしょうか。

ポイント

よい関係づくりは、スタッフに関心を持つことから

3 自身の体験を踏まえ、自身の言葉で助言する

はじめは助言しすぎない

皆さんは、指示や助言が細かい上司の下で働いたことがありますか。一挙手一投足にまで及ぶような指示や助言を受けると、スタッフは「だったら自分でやれば」とやる気をなくし、「指示が出るまで余計なことはしないほうが得策」と指示待ち要員化する恐れがあります。

人はロボットではありません。**裁量の度合いが大きいほうがいきいきと働く**ことができます。このため、はじめから指示・助言を飛ばしすぎてはいけません。

新規採用職員には指導役を付け、転入者にはベテラン職員が指導する体制を整えたうえで、まずはスタッフを信頼し、自主的に仕事をさせてみましょう。それで自転す

るようなら大きな問題はありません。ただし、トラブルが発生したときはその報告が遅れるほど重症化するので、**バッドニュースほど速く上げるように伝えておきましょう。**

長所・短所が見えたら、助言するころ合い

しばらくすると、はじめは見えなかった長所・短所が見えてきます。このスタッフは資料にケアレスミスが多いな、このスタッフはいつも期限ぎりぎりだな、このスタッフは住民対応でトラブルが多いな……。

短所が見えてきたころが助言のタイミングです。皆さんがスタッフのことを理解できてきたように、スタッフも皆さんのことがわかってきているころでしょう。一定程度の相互理解が進んだ相手からの助言は、一般に受け入れやすいものです。

さて、助言する際には、一般論だけで通用するスタッフもいれば、それだけでは動けないスタッフもいることでしょう。後者の場合、自身の体験を踏まえ、自身の言葉で助言することが効果的です。特に**エピソードに根差した助言は理解されやすく、共感を呼ぶため、説得力があります。**

エピソードをまじえた助言例

一例を挙げましょう。ケアレスミスが多いスタッフへの助言です。

マネジャー　「この資料、誤字や計算ミスが結構あるけど、体調でも悪い？」

スタッフ　「いえ、すみません、たまたまです」

マネジャー　「そう。前もたまただったよね。実は、私も昔は結構ケアレスミスしてたんだ。昔仕えた係長に今の私を見られたら笑われちゃうよ」

スタッフ　「へえ、そうだったんですか」

マネジャー　「それでね、毎回指導されていたんじゃ嫌じゃない。そこで考えたんだけど、資料をつくっているときって没頭してるよね。だから、冷静な視点を失ってるんだ。もちろん資料ができた時点で一度チェックはするんだけど、熱くなってるから間違いないはず、という目で見ちゃってるんだよ。だから、クールダウンすることにした」

スタッフ　「どのようにですか」

マネジャー　「トイレに行って、モードを切り替えることにしたんだ。これだけで結構違うんだよ。そして、残業して作成した資料は、翌朝一番のクールな頭のときにチェックすることにした。そしたら間違いが出るわ出るわ。ぜひ参考にしてみて」

また、素直に助言を受け入れないことが予想されるスタッフに対しては、まずは長所をほめてから助言に移りましょう。

マネジャー「住民対応がいつも素晴らしいね。この前も町内会長がほめていたよ。その対人対応力に資料作成力が加わると、完璧だね。実は、この資料、……」

マネジャーが口にする言葉は、その職責上、つい指導に傾きがちです。しかし、指導・助言が必要な事柄はごく一部で、その他のことはほぼできているはずです。長所に気付き、それをほめる。誰もが持つ**承認欲求に訴えかけながらの指導**が効果的です。

ポイント
助言はタイミングも大事

4 セルフマネジメントを促すのも大事な役目

セルフマネジメントで成長させる

スタッフにセルフマネジメント、いわゆる自己管理を促すことは、成長の機会を与えることになります。

セルフマネジメントが求められることとして、キャリアの形成、休暇の取得、健康管理、メンタルヘルスなどがあります。それぞれ重要なことですが、ここではスケジューリングを例に、スタッフへのセルフマネジメントの促し方について述べていきます。

「この資料、今週中につくってね」

スタッフに余裕がありそうな状態であれば、このような急な指示で構いませんが、スタッフとしてはほかにも仕事を抱えており、自分の中で優先順位を決め、1週間のスケジューリングをしているかもしれません。また、すでに予定されている仕事を週の前半で仕上げ、後半は休暇を取得したいと思っていることも。これらの場合、突発的な指示は、不本意にとらえられることがあります。

人は、他人から拘束され、裁量度が少ないと精神的に苦痛を覚える生き物です。反対に裁量度が高いとやる気も喚起されます。

そこで、自らスケジュールを組む機会をつくるため、**仕事の指示は早めに出し、スタッフの自由度を高め**ましょう。その際、次のひと言を添えることを忘れないようにします。

「プライベートの予定も勘案してでいいから、今月中に形にしてね」

仕事上の指示で終始するのではなく、スタッフのワークライフバランスにも配慮することで、スタッフのやる気が違ってきます。

そして、プライベートでの予定を実現するためにも、仕事を計画的に進めようというインセンティブ（動機付け）にもなります。こうして**セルフマネジメントする経験を繰り返していくうちに、スタッフは自律した職員へと成長していくのです。**

このように、スケジューリングをセルフマネジメントにゆだねることは、またとないＯＪＴの機会となります。

少しのアドバイスで後押しする

これで全てうまくいけば問題ないのですが、中にはスケジューリングが苦手なスタッフもいます。スタッフにゆだねたから大丈夫と安心して、期限に間に合わなかったら取り返しがつきません。そこで、そのような傾向のあるスタッフには、セルフマネジメントがうまくいくようアドバイスしておきます。

たとえば次のように投げかけてみましょう。

「まず、いつまでに何をやるか自分で予定表をつくってみましょう。次に、資料案ができたら私に見せてください。この段階で少し修正が入る可能性があるよね。修正後の係としての案を、課長、部長に説明していくわけだけど、そこでも修正が入るかもしれない。だから、**成案を得られるまで三往復がある**ものと思ってスケジュールを考えてみてください」

進捗状況の確認は助言として行う

それでも、経験が少ない職員の場合は、マネジャーとしても不安ですし、スタッフ自身も不安です。そこで、指示した翌日ぐらいに、スタッフがつくった予定表を確認し、必要に応じて助言します。

さらに、根本的に方向性が違う資料を作成してしまってからリカバリーするのは非効率であるだけでなく、スタッフとしても徒労感が増します。週に2回程度、進捗状況を確認することで軌道修正も容易です。

その際、重要なことは、あくまでもセルフマネジメントにゆだねている前提なので、**「チェックする」姿勢ではなく、「助言する」姿勢で臨む**ことです。

なお、緊急を要する仕事の場合、このようにいかないことは当然です。しかし、その仕事を急を要するものにさせてしまっているのは、先が見通せていないマネジャー自身かもしれません。実は、スタッフのスケジューリングには、皆さん自身の力量も問われているのです。スケジューリングのコツは、第7章でもお伝えします。

ポイント

そっとアドバイスしながら、自律した職員に育てる

5

職場の「お父さん」「お母さん」たれ

チームの温度

皆さんは、どのような上司の下で働いているときが、最も働きやすかったでしょうか。スタッフを常時査定するような態度で臨む上司も存在することでしょう。しかし、人間には所属の欲求があり、**「ここは安心できる場所だ・自分がいていい場所だ」と認識されない限り、いい仕事はできません**。スタッフの働きやすさのために、安心できる環境をつくりましょう。私は、職場はチームであるとともに、職員を疑似家族と考え、「We are one family」を唱えています。

チームを構成する職員を家族としてみると、係長は家長であり、お父さん、お母さんに相当します。子どもにとって親とは、絶対的存在であるとともに、無償の愛を注いでくれる存在でもあります。子どもを甘やかせてばかりいたら自立できませんし、いつも厳しくあたっていたら虐待です。

家族関係は縦横無尽です。子ども同士で助け合うこと、上の子が下の子の面倒を見ること、親が病気のときには子どもたちが代わりに家事をすることもあるでしょう。

このように、**相互補完関係が成立**するのが、温かな家族です。皆さんのチームの温度はどうでしょうか。熱すぎるとやけどします。冷たすぎると風邪をひきます。ぬるま湯だと長湯になります（安住し挑戦を忘れます）。

スタッフを見守り、フォローする

私が新規採用職員であったときの係長はすでに退職されていますが、今も年２回、２人で杯を交わす関係が続いています。その方と一緒に働いたのは１年間のみでしたが、自治体職員としての基本を陰に陽に教えてくださいました。

当時個性豊かな９人のスタッフがいましたが、基本的には各スタッフを自由に泳がせながら、期限どおりに正確な仕事が上がるようマネジメントされていました。スタッフへの直接的な指示は、係長を補佐する立場にあり、かつ、ベテランである職員にゆだね、エンパワーメント（権限を付与し活躍させること）していました。当時はまだ、係長にプレイングマネジャー的な働きが求められている時代ではありませんでしたが、各スタッフの進捗状況を把握されていて、遅延している職員には、「仕事を持っておいで」と手伝われていました。その温かな声は、今でも耳に残っています。

印象深いのは、その係一筋20年のベテランであるにもかかわらず、新規採用の私の意見に耳を傾けてくださったことです。そして、私が提案したやり方を実際に採用してくださいました。これは、自分のやり方だけに慢心せず、家族の声にも耳を傾けるお父さんにたとえることができます。

また、**残業が常態化し疲弊しているスタッフを救うために、国の機関を巻き込んだ大胆な改革も実現**されました。これは、家庭内に発生している課題を解決するリーダーとしてのお父さん像の発揮にほかなりません。

酒杯を傾けながら、今でも啓発をくださる職場の「お父さん」です。

成長のチャンスを与える

別の係長の例です。役所の仕事の中には、一つの係・課の中だけで完結せず、ほかの係・課に関係するものもあります。その係長は、「この件はA課に関係するから、その課のB係長のところに行って説明してきて」という指示を出されました。内心、私としては、係長同士で詰めてくれればいいのに、と思いながらA課に行きました。すると、B係長は「おおまかな話は君の係長から聞いている」と言ったうえで、友好ムードで話を聞いてくれました。

私の係長は、**スムーズに話が進むようにお膳立てをしてくれていた**のです。係長の含意は、①一段上の仕事を経験させたい、②優秀なB係長にこの係員を知らしめておきたい、③自らの係員にも優秀なB係長と面識を持たせておきたい、というものでした。実際に5年後、主幹となっていたB氏の下で、私は働くことになります。

皆さんは、職場の「お父さん」「お母さん」になれているでしょうか。

ポイント

個性豊かな子どもを育てる姿勢で臨む

6

トップダウンとボトムアップを併用する

ボトムアップをつぶさない

スタッフは、最前線で担当業務にあたっているので、改善・改革の種に気付くことがあります。この業務は無意味なのではないか、こうすればもっと効果的になる、手順を入れ替えたほうが効率化する……と自ら気付くこともあれば、住民からの意見やほかの自治体との情報交換をきっかけに気付くこともあるでしょう。

こうしたスタッフの気付きをつぶしてはなりません。むしろ、積極的にボトムアップを取り入れましょう。

1人のスタッフが改善・改革の種に気付いたとしても、「何年間も同じやり方を踏襲してきた業務であり、ほかのスタッフはそのやり方に慣れ親しんでいる」「改善・

改革には多少のリスクも伴うため、マネジャーが嫌がるかもしれない」と、スタッフは逡巡したはずです。改善・改革を提案するとき、スタッフは勇気を出して、マネジャーが気付けなかったことを進言してくれているのです。

提案を受けた**マネジャーが聞く耳を持たなかったら、スタッフは今後アイディアが湧いても、どうせ疎まれるだけだと思い、二度と提案しなくなる**でしょう。まずは傾聴したうえで、粗削りな部分は、スタッフ・チーム全体で微修正していきましょう。

トップダウンで、ボトムアップを促す

逆に、日々の業務に埋没していると、前例踏襲化しがちになります。マネジャーまでが埋没してはならないので、全庁的な方針は必ず確認します。すると、行政改革の推進や歳入の確保などを全庁的な方針として掲げていることに気付くはずです。しかし、スタッフとしては、これらの方針は高次過ぎて、自らの業務にどう落とし込んでいったらいいかわからないことがあります。

全庁的な方針とは、いわばトップダウンで各部・課・係に突き付けられているものであり、これを**各業務に落とし込む「通訳」を果たすのもマネジャーの役目**です。

歳入確保の事例を一つ挙げましょう。上からこれを求められたとき、私は自分のチームでできることを考え、スタッフに指示を出しました。それは、課で所管していた一般向けの無料駐車場を有料化して、歳入を確保するというものです。それまで駐車場は景観を楽しんでもらうための一時利用が前提で無料でしたが、便利な場所にあるため、満車状態が常態化していました。

細かい制度設計はスタッフからのボトムアップにゆだねた結果、1年後に、駐車場事業者への委託による有料駐車場へと変わりました。はじめの30分間は無料とするインセンティブで回転率を上げ、本来の設置目的もクリアしています。心配された住民意見も「これまでは停めたくても満車で停められなかったのが停められるようになった」とほとんどが好評価です。今では月57万円の歳入を生み出しています。

業務改善の実例からも一つ挙げましょう。私が係長として着任してすぐ、「今年度は平年の数倍に上る民間事業所監査を行わなければならないので大変です」とこぼすスタッフがいました。その係は残業が常態化し、庁内でも「不夜城」と呼ばれ、上からも改善が求められていました。これ以上、スタッフに負荷を掛けたくないと思い、着任した私は、そのスタッフに「それは大変だね。ところで、監査する事業所数が今年度多くなっている理由は何？」と尋ねたところ、答えは「前任者から監査は3年ごとに行うように引き継いでいます」とのことでした。

これは業務改善のチャンスという予感がしました。そこで、監査頻度に関する法的根拠を調べてもらったところ、国からの「3年ごとに行う」という「通知」でした。通知であれば技術的助言に過ぎません。念のため、近隣自治体の実施頻度を聞き取ってもらったところ、「5年ごと」というところもあり、まちまちでした。そこで、これまでの監査結果を踏まえ、問題のない事業所には5年ごと、悪質な事業所には毎年度監査に入るという内規を定め、年度ごとの監査件数を平準化させることとし、効果と効率化を同時に実現しました。

一連の制度設計後、「私は引き継いだ仕事をそのままやるのが仕事だと思ってきましたが、変えることができるんですね」とスタッフの意識も大きく変わりました。

ポイント

ボトムアップの勇気をたたえ、共に磨く

COLUMN 2

昇進うつには要注意

◎うつ病は「心のかぜ」＝誰でもかかる可能性がある

一般に、うつ病が発生しやすい条件として、①季節の変わり目、②公私ともに環境が変わったときが挙げられますが、昇進はこの両方に当てはまります。はじめて持つ部下の育成指導と、はじめての組織運営に忙殺され、上司からは成果を求められる一方、指示に従わない部下に難儀する……。これに伴う精神的負荷は、容易に想像がつきますよね。

◎昇進うつの予防

精神疾患の予防には、組織として取り組まなければなりません。メンタル研修などには積極的に参加しましょう。また、個人の対策も大切ですが、自分を客観視することは意外と難しいものです。そんなときは、厚生労働省が公開している「５分でできる職場のストレスセルフチェック」（https://kokoro.mhlw.go.jp/check/）をチェックしてみてください。

私生活の中心である家は、本来、自分を解放できる場所ですが、家庭内で思うに任せぬ事情が発生することもあります。そこで、職場と家以外の第三の居場所をつくることが１つの対策になります。私の場合、定期的にジムに通っています。冷や汗や脂汗ではない、健康的な汗をかくことは、メタボ対策であるとともに重要なストレス対策にもなりますよ。

◎マネジャーとしてスタッフのメンタル対策も重要

メンタル対策には、マネジャーとスタッフ双方が、SOSを出しやすい環境づくりが必要です。そこで、互いに悩みを打ち明けやすくするため普段からプライベートの一部をチームで共有することがおすすめです。

たとえば、スピーチの際に「認知症の老親の、こんなことに困っているので、解決策があったら教えてください」「反抗期の子どもに手を焼いているので、若いスタッフは直近の経験から、ベテランスタッフは人生の先輩としてアドバイスを」と、少し弱みを見せながら伝えることで、仕事上の上司としての側面だけではない、生身の人間としての皆さんにも気付いてもらいやすくなりますよ。

第3章

タイプ別スタッフの対応法

スタッフが多様であることを理解したうえで、その個性や属性に合わせて対応していきましょう。代表的な6つのタイプのスタッフについて、マネジャーが配慮すべきことを詳解します。

1

〔ベテラン〕補佐役・御意見番に位置付ける

早期に味方につける

落下傘着任の場合、業務内容に習熟していないため、当初はマネジャー自ら業務指導することが困難であることは否めません。また、持ち上がり昇任の場合でも、特定分野に秀でたスタッフがいることもあるでしょう。

ベテランスタッフは、「業務習熟度が低いが上位者」である皆さんが、自分のことをどのように扱うのか、気に掛けているはずです。**早期に皆さんの補佐役として起用し、味方につけましょう**。ベテランスタッフとしては、皆さんが一目置いてくれていることを意気に感じ、モチベーションがアップしますし、皆さんとしても助かるはずです。

ほかのスタッフとしても、**マネジャーとベテランとの関係性が悪く、両者で指示や方向性が違ったりすると混乱**します。チームマネジャーとして、このような事態を避けるために、その可能性となる芽を早期に摘み取っておく必要があります。

個人的了解から組織的了解事項へ

ベテランスタッフを味方につけるため、着任後、早期に話す機会を持ち、補佐役をお願いしましょう。早期というのはリスペクトの証であるとともに、相手の予断を許さないためでもあります。相手方が、何らかの理由で皆さんに悪いイメージを持ってしまうと、お願いを受け止めてもらえないことも考えられます。

まずは個人的に補佐役としての同意を得たうえで、チームでのミーティングで、スタッフ全員に、ベテランスタッフを補佐役に起用することを発表します。これにより、全員の了解事項とするのです。

業務全体について補佐役とする場合は、

「私も早く慣れるよう努力しますが、○○さんはベテランです。○○さんの指示にしたがって進めてください。私へ上げる前にも必ず○○さんを通してください」

特定分野について補佐役とする場合は、

「皆さんも知っているように、●●の業務は○○さんの右に出る方はいないので、必ず○○さんの指示にしたがってください」

と指示します。

しかし、ベテランスタッフを補佐役・御意見番に据えたとしても、あくまでも決裁権者は、マネジャーである皆さんです。スタッフから上がってきた成果物に疑問が生じることもあるでしょう。

この場合、まずはベテランスタッフにその疑問を投げかけます。ベテランは、成果物の表面には出てこない背景などを教えてくれることでしょう。また、経験の少ないスタッフが上げてきたものでも、ベテランスタッフの指示により処理されたものがあるかもしれません。ベテランスタッフを補佐役として任じたのはマネジャーなのに、これを飛ばしてスタッフに直接修正の指示をすると、ベテランがへそを曲げてしまう可能性もあります。

もちろん、経験の少ないスタッフに質問してはいけないということではありません。マネジャーである皆さん、ベテランスタッフ、経験の少ないスタッフの人間関係をよく考えながら、また、同じチームとなってからの時間の経過も勘案して、不信感を招かれないような投げかけ方を心がけましょう。

「次のベテラン」の育成

ところで、ベテランはベテランであるからこそ、近いうちに転出する可能性があります。１年後、ベテランが転出したらその業務を誰もできないようでは、チームとしては失敗です。**ベテランの知見は引き継いでおく必要があります。**

そこで、ベテランの知見を引き継ぐ者を決め、知識・技術の継承が行われる体制をつくります。また、ベテランには、マニュアルづくりをお願いしましょう。

「あなたの知見を組織の財産として還元してほしい」

マネジャーからのひと言が、スタッフを動かします。

ポイント

ベテランは早期に味方につけ、「次のベテラン」も計画的に育成する

2 〔同時転入者〕ともに3か月で基本業務をマスターする

同時出走の効用

マネジャー自身が落下傘着任の場合、ほかの部署から転入してきたスタッフ〔同時転入者〕は、**「同期」であり、「よきライバル」としてのアプローチが効果的です。**

同時転入者は、はじめは先輩職員から教わりながら仕事をすることになりますが、いつまでもそれでは困ります。組織として困るほか、先輩職員の負担ともなります。早く独り立ちしてもらわなくてはなりません。

独立の目安は第1四半期が終わる3か月後です。同時転入者に呼びかけ、ともに3か月後には基本業務をマスターすることを目標として設定しましょう。「マネジャーとともに」とすることで、モチベーション向上につながります。

消極的なスタッフには役割を与える

転入者が、意欲を持って業務に取り組んでいれば問題ないのですが、中には異動を不満に思っているなどの理由により、積極的ではないスタッフがいるかもしれません。この場合、次のように役割を与えてモチベーションを上げましょう。

「1年後には先輩職員が転出するかもしれません。この場合、あなたが中心になって取り組むことになるので、そのつもりで先輩の技を習得してください」

「転入者には、職場に新しい風を吹き込むことも期待されています。先輩の指導を受けつつ、気付いたことがあればぜひ教えてください」

上司・先輩から指示を受け、最後に「わかった？」と尋ねた際には「わかりました」と返事があったのに、期待された成果が上がらないといったことも多くあります。それればかりか、「そのような指示は聞いていません」と返ってくることもあります。

こうしたことが起こる背景として、**本当は指示内容がよく理解できていないのに、それを主張することを恥と考えてしまう**という傾向があるようです。この結果、誤解したまま進めてしまい、想定とは違ったものができ上がってしまう。時間的ロスであるばかりでなく、スタッフ間での相互不信にもつながります。

これを防ぐためには、先輩からの指示後に、何を・どのように・いつまでにやるのかを復唱させることが効果的です。正しく伝わったか確認できるとともに、「聞いていません」発言を封じることができます。指導役である先輩職員にこうしたテクニックを伝えておくことも大切です。

口頭試問でモチベーションを上げる

1か月ぐらいすると自身もチームの業務への理解が進んでいるはずです。これまでであればベテラン職員に聞いたことのうち、比較的単純でかつポイントとなる、すでに同時転入者も習得しているはずの事柄を、あえて同時転入者に質問してみることは、理解度の確認に効果的です。

「この数字ってどうやって算出するんだっけ？」

「この事業の今年度の対象者は○人だけど、昨年度より増えてる？　減ってる？」

このように質問を投げ、理解できていればそれをほめ、モチベーションを上げて終わりです。もし理解できていなくても、詰問してはいけません。ただ、一緒に基本業務をマスターすることを約束したはずの相手（あなた）が、1か月でここまで進んでいることを理解させ、対抗意識に火をつけさせることに成功すればよいのです。

特に、積極性を欠くスタッフの場合、指導役である先輩職員との間でトラブルになることがあります。指導役である先輩職員をフォローする意味でも、**たまの簡単な口頭試問は、「真剣にマスターしないとまずいな」と意識させる効果**を発揮します。

2か月を経過したら、質問のレベルを上げましょう。たとえば、次の具合です。

「先月、この事業の対象者が増加傾向にあると聞いたけど、その理由は？」

「この事業の根拠規定って何だっけ？」

そして、3か月経過時には、その時点での総括を促し、マスターできているようであればほめます。一方、未達であれば励ましを与え、次の目標を設定しましょう。

ポイント

同時出走で意欲を鼓舞する

3 〔新規採用職員〕マニュアルづくりにチャレンジさせる

公務員人生の礎を築く

よく「今の若者はゆとり世代だから」という言葉を聞きます。しかし、このようにステレオタイプでスタッフを見てしまうことは慎みましょう。ちなみに、私の世代は「新人類」と言われていました。いつの時代も「最近の若者は」と言われるものなのです。

マネジャーである皆さんもそうであったように、何もわからない、また、わからなくて当然なのが新規採用職員です。

新規採用とともに皆さんのチームに配属されたスタッフにとって、このチームでの経験は、その後の**公務員人生の基礎**となります。したがって、執務態度、服務規律、公務員倫理、接遇などに信頼のおける優秀なスタッフを指導役につけましょう。

ただ、人には相性もあります。指導役のスタッフに任せきりにするのではなく、適宜声かけや励ましを与えることも重要です。ときには個別に面接も行いましょう。指導役スタッフによるハラスメント防止や新規採用職員のメンタル失調予防の観点からも必要です。

単純業務＋少しの歯ごたえ

新規採用職員の中には、単純業務につけておくだけではもったいない能力のある人が存在するかもしれません。

こうしたスタッフには、少し歯ごたえのある業務を割り振ると、やりがいを見出させることができます。とはいえ、新規事業の企画立案を全て任せるには少し早すぎるでしょう。

そこで提案したいのが、**既往の業務のマニュアルづくり**です。もちろん、ベテランでなければつくれないレベルのものではなく、新任者向けレベルのマニュアルです。

実例でお話しします。障害者福祉の係長をしていたときのことです。障害者福祉は、国の制度による事業に加え、都道府県単独事業、市町村単独事業が輻輳《ふくそう》するほか、身体障がい、知的障がい、精神障がいの別によって適用できるサービスに違いがある複雑な仕事です。

4月に配属された新規採用職員は、能力の高さを伺わせるスタッフで、実務に埋没させてはもったいないと思い、次のように提案しました。

「制度が複雑で大変だよね。なぜ大変だと思う？　知ってのとおり、各制度についてのパンフレットはある。でも、住民は、○○制度を申請します、と来るわけではない。自分はこういう障がいを持っていて、こんなサービスを受けたいのだけれどどうしたらいいのかと来るのが通例だよね。つまり、住民目線での制度横断的な手引きがないということなんだ。そういうものがあったら便利だと思わない？」

「ぜひそれをつくってほしい。これは、**新規採用職員であるあなただからできると思うんだ。**先輩たちには経験的に暗黙知となっている知識だけれど、あなたは白紙の状態からスタートして、先輩の指導を受けながら、これから自分のものにしていく。その過程を記録していけば、骨格はできると思うんだ。その中で、つまづきやすいポイントにも気付くと思うので、そこも記載してほしい。期限は1年後で構わない。これができると、来年度転入してくるスタッフは大助かりで、あなたが負う苦労を繰り返させずに済むし、チームに貢献することにもなる。そして、新規採用職員であるあなたも、３年後には次の職場へ異動する。その際の引継ぎにも使える。どう？　やってみない？」

１年後、このスタッフは、新任者向けマニュアルを立派に作成してくれました。マニュアル作成という役割により、このスタッフは、能力や自信を高めるだけでなく、仕事に対してやりがいを感じることができました。さらに、アドバイスをもらうなど、先輩とのコミュニケーションが増えるという効果もありました。

この話には後日談があります。なんと、このスタッフと先輩は、しばらくして結婚することになったのです！　私が転出した後の話ですが、とてもうれしいニュースでした。

ポイント

優秀なスタッフを指導役につけ、少しの挑戦を与える

4

〔若手職員・子育て中職員〕その世代の背景を考え指導・フォローする

若手職員―チームの活力の源

ここでは、主任となる前のおおむね20代の職員を「若手職員」としましょう。

若手職員がきびきび動くチームには活気があります。そこでぜひ**「組織としては不可欠であるが、担当者が決まっているわけではない仕事」**を拾いにいく**職員**に育て上げたいものです。

会議室の準備を例に挙げます。机を並べ資料を置く。基本的にはこれだけのことです。しかし、会議メンバーが会場入りしたときに、机に薄くほこりが積もっていたら、資料が雑然と置かれていたらどうでしょう。気持ちよく会議に臨めるでしょうか。出席者は事務局の仕事への姿勢そのものに疑問を抱き、会議での発言もとげを含んだものになるかもしれません。雨が降りそうであれば傘立て、冬であればコート掛けといった、相手の立場を考えたうえでの臨機応変の対応も必要です。

一般に、部活動やスポーツの経験があれば、若手が担う役割を不文律で理解していることでしょう。しかし、こうした経験のないスタッフも存在しますし、ジェネレーションギャップもあります。この結果、「最近の若い者は……」と思うチームマネジャーも少なくないようです。

これは、若手職員に悪気があるのではなく、経験がないことによるものなのです。経験がないのであれば、教えなくてはいけません。動物の親が、群れの掟を教えるように。

ただし、「これは若手の仕事だから」では納得度が低いでしょう。パワーハラスメントを主張されるかもしれません。私たちは言葉を操る人間です。なぜ若手の仕事なのか、かみ砕いたうえで指示しましょう。**「神は細部に宿る」といいます。私は、その大切さを体得してほしいからだと理解しています。**

若手職員にいちいち指導するのが面倒なので自分が代替するというスタイルは美徳ではなく、マネジャー失格です。なぜなら、組織人として必要な経験の機会を奪い取ってしまっているからです。終わったらねぎらいの言葉を掛ける→次回は指示がなくても自ら動けるようになる（自立させる）、この好循環を生むことがマネジャーの役割です。

さらに、若手職員のうちは貪欲に多くの経験を積むべき時期でもあります。**研修や庁内プロジェクトチームには積極的に参加させましょう。**これは人脈形成にも役立ちます。「かわいい子には旅をさせよ」です。

このマネジャーは、**面倒だから仕事を投げてくるのか、成長の機会を与えてくれているのか、スタッフにはわかるものです。**

子育て中の職員―フォローアップ体制の構築

20代、30代には、子育てがはじまる職員もいます。

子育て中の職員には、以前と比べて手厚い制度が設けられるようになりました。それはなぜでしょうか。職員側から見るとワークライフバランスの実現ですが、組織側から見ると、子育て中の職員に退職されると、育成に掛けたコストが回収できず損失が大きく、正に彼・彼女たちは「人財」だからです。

大事な人財をつぶしてしまわぬよう、仕事量などの負担に気を付けましょう。

私には、**子育て中の職員こそが、職場に迷惑を掛けまいと自覚し、最も労働生産性が高い**ように感じられます。たとえば、育児短時間勤務の場合、一般に7時間45分掛ける仕事を2時間ほど早く仕上げる。そのために一日の仕事の手順をしっかり考えたうえで出勤し、勤務時間中は集中して取り組む。**このような職員にこれ以上の負荷を掛けたら退職を考えてしまう**かもしれません。

スタッフによっては、人生に子育てというライフイベントがなかったとしても、親の介護、本人の体調不良などは誰にでも起こり得ることで、お互い様です。

「病気の家族がいれば、その役割を分担する」。これと同じように、スタッフのピンチをチーム全体でフォローする、その**意識づくりと体制づくりは、チームマネジャーの仕事です。**

ポイント

若手職員には「多くの経験」、子育て中の職員には「フォロー」を与える

5

〔先輩職員〕リスペクトしつつ、指示は変わりなく

自然体で先輩職員と対応する

皆さんのチームに、採用年次が上の先輩職員はいらっしゃるでしょうか。仮に自分がその先輩職員だとしたら、後輩が上司であることをどう感じるでしょうか。その視点は、絶えず失ってはなりません。しかし、そのことと、マネジャーとして果たすべき役割とは異なります。

先輩は、職業人のみならず一人の人間として、皆さんより多くの経験をしています。これはリスペクトすべきことです。そして、後輩がこれからどのようにマネジメントしていくかを注視しています。変な萎縮・おもねり・居丈高な対応は、人間としての底を見透かされます。

組織における役割の上下と人としての一人ひとりの価値とは異なるものであり、後者は上下なく平等です。普通に**人間としてリスペクトしながら、マネジャーとして必要な指示をする、**ただそれだけです。

実は先輩も、その地位に納得していることが多く、組織の判断としてマネジャーに据えられた皆さんに、一目置いているはずです。

再任用職員はモチベーションが課題

再任用職員も先輩職員の一部であり、基本的なスタンスは同じですが、再任用職員制度特有の課題もあるため、ここではそのことについて述べます。

最大の違いは、**定年退職の時点でゴールと考え、気持ちが切れてしまい、再任用期間を蛇足と考えている方がいらっしゃる**ことです。給与は減額され、かつ、頑張っても昇任・昇給がない。再任用職員の方々は、右肩上がり・年功序列型社会の中で生きてこられたので、その感覚が染みついていて、給与カットと職位のダウンを、自らの価値の低下ととらえてしまう傾向があります。

総務省が平成29年に発表した『地方公共団体における多様な人材の活躍と働き方改

革に関する研究会報告書』では、再任用職員について、「モチベーション上の課題」が多くの自治体で顕在化していると指摘、その割合は、都道府県では69・8％、政令指定都市では94・4％に上っています。

また、定年を機に民間企業へ転職するのであれば、本人にとっても大きな変化なので心構えを変えますが、再任用は同一の市町村の中なので、微妙な役割変化に気付けないこともあります。そこで、**役割の変化に気付いてもらう仕掛け**が必要となります。

再任用職員だからこそできる役割を与える

まず、チームリーダーである皆さんは、ネガティブな警戒心理があるとすればこれを解き、ニュートラルな心理で迎え入れましょう。

次に、加齢により、未経験の業務を覚えることが難しいことは否めません。ついこの前まで役職者であり年長者であるのに覚えられないことに、本人もジレンマを抱えているのです。それでは、再任用職員に適した仕事とは何でしょうか。千葉市では、再任用職員に関するアンケート調査を行っています。これによれば、再任用職員は、定年前の経験やノウハウが活かせるときにやりがいを感じているという結果が出ています（『高齢期の雇用問題について〜千葉市の再任用制度のあり方〜提言』千葉市行政改革推進委員会、平成29年）。

これまでのキャリアを活かせる仕事を担当してもらい、その貴重な知見を後輩に継承してもらう。すなわち、プレイングリーダーとして、後輩指導でやりがいを喚起するのです。

ところで、3月31日まで「〇〇課長」と呼んでいた相手を、4月1日になったとたん「〇〇さん」とは呼びづらいでしょう。第2章[1]で説明した「さん付け」で呼び合う組織風土は、このような場面でも役立ちます。

ポイント

再任用職員は、プレイングリーダーとしてやりがいを持たせる

6

〔会計年度任用職員〕エンパワーメントでモチベーションを上げる

会計年度任用職員は単純業務だけ？

正規職員の定員適正化に伴い、会計年度任用職員が増加傾向にあります。会計年度任用職員が担当する業務は自治体や職場によって異なるでしょう。ファイリング、コピー取りといった単純業務を任せている自治体ももちろん間違いではありません。しかし、「期待していた業務内容と異なること等によるモチベーション上の課題」も指摘されています（『地方公共団体における多様な人材の活躍と働き方改革に関する研究会報告書』総務省、平成29年）。

人には他人から認められたいという尊厳欲求（承認欲求）があります。また、会計年度任用職員にこれまで以上に活躍していただければ、定員適正化により余剰人員など存在しない正規職員の負担も軽くなるはずです。**会計年度任用職員にエンパワーメントしましょう。**

実例を２つ紹介します。情報公開の係長であったときに、正規職員が１人削減されました。これを機に、非常勤嘱託職員（当時）にも公文書開示請求を受け付けてもらうことにしました。これは行政処分につながる申請ですから、間違いがあってはいけない重要な業務です。しかし、その大半はパターン化した請求であるのが実態です。そこで、マニュアルを作成して研修したうえで、ボリュームゾーンであるパターン化した請求のみ受け付けてもらうこととしました。

２つ目の例です。図書館には多くの会計年度任用職員が勤務していますが、正規職員の後ろに隠れてしまいがちな部分がありました。しかし、専門知識を有している人も多く、これではもったいない。そこで、こうした人材をどう活用していくか、現場の声も聞きながら方針をまとめることになりました。

実は、会計年度任用職員の活躍というテーマについては、市町村職員中央研修所（市町村アカデミー）にいたころに取り上げ、全国の自治体から集まった24人の研修生とともに研究したことがあります。その結果、**「適切なＯＪＴの実施」「チームマネ**

ジャーによる面談を通じた組織目標の共有」「一定の責任ある業務の担当」が有効であり、これにより、会計年度任用職員を含む全てのスタッフの満足度が高い職場環境実現に寄与するとの結論に至っています。

民間受託社員は「見られ公務員」

皆さんの自治体では、コールセンターを委託していたり、システム管理の民間ＳＥが常駐していたりすることはありませんか。現代の役所では、公務員だけでなく、業務を受託した民間企業の社員とともに机を並べて働くこともあります。**所属する組織は違えども、皆さんの部署が担当する行政サービスを担う仲間**であり、人間です。尊厳欲求（承認欲求）は同じです。「派遣さん」などと呼ぶことなく、名前で呼ぶことはいうまでもありません。

また、警備員や清掃員の方にあいさつができていますか。実は、警備員や清掃員の方こそが、来庁した住民に真っ先に接する方となるケースもあります。その際、職員から警備員や清掃員の方にあいさつする風土がなければ、警備員や清掃員による住民へのあいさつも期待できないでしょう。想像してみてください。住民が来庁する機会は1年に一度あるかないかです。若干の緊張感を抱えてたまに訪れたら来庁者にあいさつもない……そのような役所に住民はどのようなイメージを抱きながら、皆さんの部署の窓口へ向かうでしょうか。

かつて、ある指定管理事業者の方が発した言葉が印象的でした。「私たちはみなし公務員ではなく、見られ公務員である。公務員として見られているのだから、それに恥じない仕事をしたい」。

こうした心境に導くのは、チームマネジャーである皆さんです。

ポイント

エンパワーメントで全てのスタッフを導き、輝かせる

COLUMN 3

図書館ファミリー

◎私の勤務先の職員構成

私は現在、千葉市中央図書館長に就任して２年目となります。ここで、千葉市図書館の組織・職員構成を少し紹介します。

千葉市には、中央図書館以外に合わせて14の地区図書館･分館があり、中央図書館はこれらの14館を統括しています。このうち、１つの分館は民間委託ですが、これを除いて直営です。

直営14館の職員総数は約360人、このうち、約110人が正規職員、約250人が会計年度任用職員であり、直接の部下となる課長・地区館長９人、その次の課長補佐・副館長９人は、全て先輩です。

この章では、先輩職員、会計年度任用職員などのタイプ別にお話ししましたが、その全てが私の勤務先の職員構成につながっています。

◎館内報

それまでの館長には定年を目前にした貫禄ある館長が続いていました。それに引き換え、私は10歳近く下で経験も乏しいチャラい館長です。また、週６日、当館は朝から21時までの開館のため交代制で、全員が会う機会はほぼ皆無です。さらに、ほかの14館を常時見ることは不可能です。

このため、着任にあたり気を付けたのは、意識して意思疎通を図ること。そこで、館内報『図書館ファミリー』を毎月発行することにしました。第１号には、自己紹介とともに、次のメッセージを載せました。

「私は、本市の図書館全館で働く362人、さらに、清掃員、警備員を含め全てのスタッフは、図書館という施設を動かすうえで欠くことのできない一つのファミリーと考えています。」

『図書館ファミリー』の表題の下には、“We are one family.”と書きました。お気付きですね？　これは、第２章[5]の実践です。

◎もう一つのfamily

さて、職場でのfamilyは、疑似家族であるだけでなく、同じ方向を向いていなければ成立しません。そのための手法を次章でご紹介します。

第4章

チームのミッション・ビジョンを分析する4つのステップ

チームを動かすには、スタッフを理解するだけでは足りません。チームに課せられたミッションとビジョンを把握し、分析する方法、実現するための戦略の立て方を解説します。

1

〔ステップ1〕まずはチームマネジャーの立場で考える

ミッション・ビジョンに立ち返る

まず、「指示された」仕事をこなすプレーヤーの段階からステップアップし、スタッフに仕事を「指示する」立場であるマネジャーとなった皆さんは、これまでとはステージが異なることを自覚しましょう。チームを船にたとえると、マネジャーは船長です。船長の指示する内容や方向性が間違っていたり、二転三転してしまったりしたら、船は目的地にたどり着くことができません。

指示するにあたっては、社会の動向を踏まえ、行政ニーズを正しく理解しましょう。「行政ニーズにこたえる」＝「ミッションを果たす」には、どのような方向で事業を展開していくかという「ビジョン」を確立する必要があります。

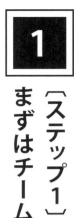

ここで、ミッション・ビジョンとは何か、今一度確認しておきましょう。

「ミッション」とは、皆さんのチームに課せられた「使命」です。船の例でいえば、「期限までに目的地へ確実に荷物を届けること」です。チームが高齢者の保健福祉を担っているとすれば、「高齢者になるべく健康な状態で過ごしていただくこと」です。

「ビジョン」とは、ミッションを実現するための「方向性」を示すものです。船でいえば「目的地アメリカへ向かうために東へ針路をとれ」、高齢者保健福祉でいえば、「体力低下をくい止めよう」といった具合です。

こうしたミッションやビジョンの下に、これらを実現する「手段」として「事業」があります。高齢者の体力低下を防止する事業には「体を動かすきっかけづくりのための体操教室」「外出機会を創出するためのイベント実施」などが挙げられます。

プレーヤー時代は、既定の事業をこなすことにまい進しているため、ミッションやビジョンを意識することは少ないことでしょう。しかし、マネジャーも同じでいては、「木を見て森を見ず」に陥っています。

ミッションやビジョンにまで立ち返って、既往の事業を見直したり、新規の事業を立案したりする必要性に気付くことが、マネジャーの役目です。そのためには、必要な情報をキャッチするアンテナを立てておく必要があります。

5つのアンテナを立てる

ミッション・ビジョンに立ち返るときに意識したいのが、**EBPM**（Evidence-Based Policy Making ＝合理的根拠に基づく政策立案）です。ここではマネジャーがEBPMを実行するために必要なアンテナを5つ挙げます。

第一に、国や世論の動向です。国の動向は、チームに文書を通知している省庁の審議会資料及び議事録、白書等によって把握できます。世論は、各種メディアが実施する「世論調査」をチェックします。

第二に、自治体の上位規範の確認です。まずは基本構想、首長の公約等で、自分のチームに関する項目を探します。行政運営方針等があれば、自分の自治体が行政ニーズに直営主義でこたえる「大きな政府」を指向しているのか、逆に民間委託・住民協働等を活用してスリム化する「小さな政府」を指向しているのかも確認しておきましょう。ここまでで大きな潮流をとらえます。

第三に、部門で策定している計画や住民アンケートの結果です。既往の計画が、大きな潮流と方向性を同じくしていれば、その方向でチームのミッション・ビジョンを考えていけばよいのですが、計画策定時と現在とでは、方向性にずれが発生しているかもしれません。この場合、計画を改定する、計画は次回改定までそのままとするが事業に改変を加える、計画どおり実施するなど、進め方の検討が必要です。

第四に、ほかの自治体の動向です。近隣自治体がサービスの拡充を予定している中、皆さんの自治体が従来どおりだとすれば、住民からの反発はまぬがれないでしょう。また、先進例を行政雑誌でチェックしておくことも大切です。

第五に、現実的に投下できる資源の確認です。直営で実現させる場合は、スタッフの状況、民間委託で実現させる場合は、予算確保や担い得る事業者の存在などです。

アンテナを立てて各種情報を収集し、マネジャーとして、まずは1人で冷静にミッション・ビジョンを考えてみましょう。

ポイント

ミッション・ビジョンの確立はマネジャーの役目

2 〔ステップ2〕スタッフが持っているイメージを把握する

まずはスタッフからのヒアリング

マネジャーとしてのミッション・ビジョンを確立した皆さんは、早くこれを事業や業務に落とし込み、実行に移したいはずです。しかし、少し待ちましょう。実際にそれらを実現するのはスタッフです。特にベテランは皆さんと違う認識を持っているかもしれません。

そこで、**スタッフの考えを聞いてみましょう。**

ヒアリングの方法ですが、「チーム全員でミーティングする」方法と「個別にヒアリングする」方法は2つあります。大勢が見えていて、それがマネジャーが描く方向性と同じ場合は前者でいいでしょう。しかし、その他の場合は後者をおすすめします。

大勢が見えていない場合、いきなりチームミーティングで意見を聞くと、マネジャーが描く方向性と反対の方向へ動く可能性があります。前例踏襲が横行している場合に意見が出ないのはもちろんのこと、改革派と思っていたスタッフが実は守旧派だったということや、現状に疑問や不満を持っていても、周りに遠慮して発言しにくいということもあり得ます。

また、スタッフ間で意見が二分した場合、人間関係にひびが入る可能性もあります。本来、仕事上の議論は、よりよいあり方を求めて行うもので、けんかではないのですが、この違いを認識できない人も中には存在します。チームの分断につながる危険性のある方法を、マネジャーが講じてはなりません。

個別ヒアリングでは聴き役になる

個別ヒアリングにあたって、「ミッション・ビジョンについて聞きたい」といきなり告げると、スタッフは思考停止に陥ってしまいますし、何が始まるのかと身構えます。リラックスしてありのままを述べてもらうことが大切です。「仕事の内容について、担当者でなければわからないこともあるので教えてほしい」と切り出しましょう。

会場は別室が望ましいでしょう。周りの同調圧力に遠慮せず発言でき、電話や来客にさえぎられずに意見交換に集中できます。そして、最大のメリットは、**一対一の場合、マネジャーが描く方向へ誘導することが比較的容易になる**ということです。

このときしゃべり過ぎてしまう人がいますが、ヒアリングはその言葉どおり、「聴く」場なのです。個別ヒアリングでは、情報源を秘匿することを伝えたうえで、まずは仕事の内容について「聴く」ことに徹しましょう。

その中で、現状の仕事について、スタッフから課題が示されればしめたもの。そこを掘り下げていきましょう。自ら示さない場合には、「仕事上で何か困っていることはない？」と水を向けてみましょう。

それでも何もない場合には奥の手です。あらかじめスタッフの残業時間数や有給休暇取得状況を確認しておき、「時間外勤務が多くて苦労を掛けてしまっているよね。有休もあまり取れていなくて心苦しく思っている。こうしたらもっと楽になるのにと思っていることはない？」と問いかけてみましょう。

一般に、残業が多くてうれしい、有休が取れなくてうれしいという人はいません。そこで、これを突破口とします。そして**打開策を一緒に考えていく中で、マネジャー**

としてのミッション・ビジョンと同じ方向に導いていきます。

ヒアリングに併せてマネジャーの考えを小出しする

既存事業の見直しを例に、個別ヒアリングの進め方を見てみましょう。

「高齢者になるべく健康な状態で過ごしていただく」というミッション実現のために、「体力低下をくい止める」というビジョンの下、「体を動かすきっかけづくりのための体操教室」を担当し、これに忙殺されているスタッフがいるとします。

マネジャー　「では、体操教室の事業を分解してみましょう。どのような工程がありますか？」

スタッフ　「主に7工程あります。教室開催の日時を決め、会場を予約し、募集を掛け、参加者名簿をつくり、決定通知を発送し、当日は会場に出向き、体操を実演する工程です」

マネジャー　「その中でボリュームが大きいのはどれですか？」

スタッフ　「はじめの3工程は大した負担ではありませんが、後の4工程は個別対応が必要であり、また、イベント運営なので、負担が重いです」

マネジャー　「なるほど。すると、それらの『作業』に終始するだけで疲弊してしまって、新規事業の企画立案までは手が回らないわけですね」
スタッフ　「私も前任者から引き継いだだけで余裕がなく、事業の意義などについて振り返ったこともありません」
マネジャー　「でも、何とかしてその状況を脱したいと思っている？」
スタッフ　「やっぱり残業は減らしたいです」
マネジャー　「では、その方法を一緒に考えていきましょう」
このように、あくまで傾聴の姿勢を大事にし、スタッフから出た課題について触れながら、事業の見直しの必要性に意識を向けさせましょう。この例の場合、教室修了者による体操グループが結成されていれば、もはや事業を行政直営で行う必要はなく、同グループに運営をゆだねることも有効かもしれません。
マネジャー　「ちなみに、体操教室の修了者は、教室が終わったらそれっきりですか？」
スタッフ　「全てではないのですが、盛り上がる回もあるんです。やはり、皆さん、社会的なつながりも求めているんですよね。盛り上がった回の場

合、体操グループを結成して連絡網をつくり、週１回公園で体操して
いるところもあるようです」

マネジャー「それは素晴らしい！　当初の想定を超える成果を生んでいるんです
ね。そしてそれは、本市が目指す市民自治によるまちづくりとも方向
性が合っていますね」

スタッフ「特に、メンバーの中に求心力がある人がいると活発なようです」

マネジャー「それは活用できるかもしれませんね」

このように話を進めることで、得られる情報量は増え、スタッフに仕事上の課題を意識してもらえるようになります。まだヒアリング段階ですので、合意形成を図る必要まではありません。スタッフが持つイメージを把握したうえで、一つの考え方として示すことができれば十分です。

ポイント

ヒアリングは説得の場でなく傾聴の場

3

〔ステップ3〕認識のギャップをどう埋めるか考える

ギャップがあるのは当たり前

チームマネジャーとして1人で冷静に考えること、また、スタッフの意見を把握するために傾聴することは、いわば上意と下意の把握です。

この両者にギャップがなければ問題ないのですが、おそらく2つのギャップがあることに気付くはずです。1つ目は、スタッフ間での認識のギャップであり、2つ目は、マネジャーとスタッフとの間での認識のギャップです。

最大公約数を見つけてスタッフ間のギャップを埋める

スタッフは物ではありません。前に述べたように、それぞれ個性があり、それが当然なのです。むしろ、スタッフ間で認識のギャップがあることは、ダイバーシティの観点から望ましいといえるかもしれません。Ａさんが気付いていないことにＢさんが気付いている、Ｃさんは前の職場での経験からより効果的なやり方を知っている、これまでのやり方を変えたくないＤさん……。

その誰もが皆さんのスタッフです。**多様な考え方を持つスタッフの納得を獲得しながら、チームとして一定の方向へ考えを向けていく**、これこそがマネジャーの醍醐味なのです。

その第一歩として、各スタッフが述べた内容の中から共通するものはないか、**最大公約数は何かを見つけていきましょう。**

具体的な事業レベルで共通点が見つかれば、それはスタッフの総意であり、方向性に誤りがなければ、実現する方向で検討していきましょう。全員ではないものの複数のスタッフが述べたことがあれば、これも共通認識に近いといえるでしょう。

しかし、スタッフが各々完結した事業を担当している場合など、共通点や最大公約数が何もないように見えることもあるでしょう。この場合は表面には出てきていない深層の中から探します。たとえば、「仕事に情熱を傾けている」や、逆に「残業が恒常化し疲弊している」など、仕事への取り組み方の中で何かしら最大公約数があるはずです。

「通訳者」になってスタッフとのギャップを埋める

マネジャーとスタッフとの間でも認識にギャップがあることでしょう。これも当然です。マネジャーは、時代の方向性を把握し、首長公約を踏まえ、上位者からの指示を受ける立場にいます。一方、スタッフは、目の前の仕事をこなすことが第一です。仕事に忙殺され、時代の方向性などを自ら認識する余裕がないかもしれません。

そこで、マネジャーは、一般的で抽象的な組織のミッション・ビジョンを、どのように自らのチームに当てはめ、事業展開をしていくべきか、**かみ砕いて考え、伝える「通訳者」となるのです。そして、ときに「実践者」となるのです**。実践する中で、ほかの機関や団体に働きかける必要も出てくるかもしれません。

一例を挙げます。かつて係員として税務課に所属していたときのことです。

税の申告が始まる2月から納税通知書の発送が終わる6月までの5か月間、税務課は残業が常態化していました。日中は役所で多様な市税申告の対応で頭を使い、夕方は税務署に出向き、申告書を書き写す単純作業に忙殺される日々。職員には疲労が蓄積し、課税誤りが発生する危険性だけでなく、時間外勤務手当も発生していました。

しかし、税務課のミッションは「自治体行政推進の原資である税金を賦課徴収する」ことであり、ビジョンは「適正・迅速かつ、最少の経費で実施する」こと。上からのミッション・ビジョンと、スタッフの現状には大きなギャップがあったのです。

そこで、当時の係長は税務署と交渉し、個人情報保護に十分対策を施したうえで、夕方からの税務署での作業を民間委託に切り替えました。この結果、スタッフは頭脳労働である課税業務に集中することができ、かつ、人件コストも縮減できました。

皆さん自身がスタッフだったときにも、このように流れを変えたマネジャーもいたのではないでしょうか。次は皆さんが、スタッフの間に渦巻く事業上の課題を起点に、ミッション・ビジョンを踏まえて改善・改革していく番です。

ポイント

マネジャーは、ミッション・ビジョンを事業レベルに落とし込む通訳者

4

〔ステップ4〕強み・弱みを補う体制をつくる

事業担当者が改善・改革にポジティブな場合

ミッション・ビジョンの分析とそれをどのように具体的な事業に反映させていくか検討した後は、実現するための体制づくりです。スタッフ全員がポジティブなチームであればさほど悩むこともないでしょうが、これはラッキーなレアケースでしょう。

ミッション・ビジョン達成のために改善・改革が必要である事業の担当者が、マネジャーと同意見であり、仕事ができるポジティブなスタッフの場合、全てをゆだねればよいようにも感じられます。しかし、往々にして「仕事はできる人のところにいく」ものです。すでにオーバーワーク気味であるスタッフに仕事を増やすことは、マネジメントの面から見ると失敗です。

年度の途中でも、事務量に偏りが見えたら、スタッフとの合意形成を経てそれを是正する、これはマネジャーの役目です。

ところで、ほとんどの自治体では「大部屋主義」を採用しています。大部屋主義とは、「公式の（事務分掌規程上の）所掌事務は、部・課・係という単位組織に与え、その規定は概括列挙的（○○に関することは△△課が担当する等）であり、職員は、そのような部・課・係に所属し、物理空間的には一所《ひとつところ》で執務するような組織形態」のことをいいます。

そして、課や係における職務の配分は、その構成員の状況に応じて柔軟に行われ、組織に属する人たちが相互に協力し、カバーし合いながら組織全体で仕事を進めていくのが大部屋主義の特徴です（大森彌『自治体職員再論～人口減少時代を生き抜く～』ぎょうせい、２０１５年）。

チーム内で仕事に偏りが出たときには、この特徴を活かすのです。

改善・改革が必要な事業の担当者がオーバーワークとなる可能性がある場合、その担当者が担っている仕事のうち、**ルーティンワークを、ほかのスタッフやチーム全体で分担する**ことを検討しましょう。このような担当変更は、大部屋主義に慣れた組織やスタッフに、比較的理解されやすいでしょう。

事業担当者が改善・改革にネガティブな場合

問題は、改善・改革が必要な事業の担当者が、改善・改革にネガティブな場合です。本来は、事業担当者による改善・改革が望ましいことは論を俟ちません。

しかし、ネガティブだからといって、本来の担当者以外のスタッフを改善・改革担当者に指名したとしたら、ねじれが生じます。本来の担当者はやる気を失い、指名を受けた側もやりにくいことでしょう。必要な情報提供も受けられないかもしれません。

そこで、〔ステップ2〕の**個別ヒアリングの中で、意見交換したときのスタッフの反応を思い出しましょう。**マネジャーが一つの考え方として示した改善・改革アイディアに少しでも同調する気配があったなら、まずは本来の担当者に改善・改革をゆだねることを検討しましょう。そのうえで、別の職員がフォローしていく体制とします。

しかし、仕事に対しても改善・改革に対してもネガティブなスタッフもいます。余裕がある職場であれば、じっくりと是正させ、戦力となる人材に育て上げていくことが望ましいことは明らかです。しかし、そのような余裕などなく、1年の間に成果を出すことが求められているのが一般的でしょう。

この場合、**マネジャー自身が事業担当者とコンビを組む**ことが効果的です。方向性を出すことや、進捗管理・他部署との調整はマネジャーが担い、資料作成等の作業を事業担当者に割り振る体制を検討してみましょう。内心は改善・改革にネガティブなスタッフといえども、相手は指揮命令系統上の上位者です。従わざるを得ません。はじめは面従腹背でもいいのです。コンビで一つの仕事に取り組み、「報・連・相」を密に意思疎通していく中で、氷解してくることもあるでしょう。慣れてきたら、ほかの部署との調整にも同行させましょう。ほかの部署との調整では自らの部署の主張を通さなければならない立場としての振る舞いが要求されるため、自ずとマインドも改まってきます。こうした段階を経て、マネジャーと事業担当者とのコンビが一つのチームと化していきます。その経験は、何よりのＯＪＴとなることでしょう。

ポイント

他スタッフやマネジャーと組ませて役割分担する

COLUMN 4

旅行＋α（国内編）

◎私の趣味

私の趣味は旅行です。理解ある両親の下、中学校卒業の長い春休みに、小学校を卒業する３歳下の弟とともに四国１周したのが思い出です。

昨年の夏は、広瀬すず主演・NHK 朝の連続テレビ小説「なつぞら」の舞台、十勝平野とトマムを家族で訪れ、ガーデン巡り、熱気球フライト、ラフティング、魚釣りなどを当時小学６年生の娘と楽しみました。

◎役場ウォッチング

皆さんの中にも旅行が趣味という方は大勢いらっしゃることでしょう。そこで提案です！　旅行先で役所・役場をちょっと覗いてみませんか？

かつて覗いたある町役場で、私は軽いカルチャーショックを受けました。行き交う職員の全てが「こんにちは」と声を掛けてくださるのです。しかも、形式的にではなく、笑顔で。これではクレームに来た住民もたじろぐ？　いえいえ、矛を収めるのではないでしょうか。

また、１階に配置されているのは何課か、各課の間に壁があるかといったレイアウトは、その自治体が重視していることを物語っています。

◎図書館ウォッチング

現在の職場になってからは図書館を覗いています。東京都港区の麻布図書館では驚きました。ヨーロッパ系の職員がカウンターにいらっしゃいました。さすが麻布！

東京都武蔵野市の「武蔵野プレイス」は、図書館、生涯学習支援、市民活動支援、青少年活動支援の機能がある「複合機能施設」です。「複合施設」というと、機能ごとに事務室を設けるのが一般的ですが、事務室を１室にして、機能間の連携をしやすくしているところがこだわりです。入館して真正面・１階の真ん中にはカフェがあり、プロポーザルで選定された事業者が運営しています。図書館の本は貸出手続なしにカフェへ持ち込めます。また、カフェ事業者は独自に様々な図書イベントを開催しています。百聞は一見に如かず。旅行＋αを楽しみませんか♪

第5章

スタッフとミッション・ビジョンを共有する4つのステップ

スタッフとミッション・ビジョンを共有し、ワンチームになるための4つのステップを紹介します。「課題共有」「意見交換」「合意形成」「業務分担」の順に進めていきましょう。

1

〔ステップ1〕個別ヒアリングの結果を共有する

ミーティングの設定が第一関門

自身が内心で考え、スタッフと一対一で意見交換した後は、**スタッフ全員とミッション・ビジョンを共有します。ワンチームにする段階であり、これこそがマネジャーの醍醐味**です。しかし、焦りは禁物。ステップを追って、一歩一歩固めていきましょう。

まず、全てのスタッフとミッション・ビジョンを共有するために、ミーティングを開催します。いわゆる「班会議」「係会議」「課内会議」といったものであり、こうした会議を開催することが根付いている組織であれば、通常どおり開催するだけです。

しかし、こうした風土がない組織の場合、「会議」というと少し重く感じるスタッフもいるのではないでしょうか。このような場合には、「ミーティング」というネーミングのほうが少しライトで、スタッフの心理的負担感を軽減できます。

ミーティング開催にあたり、まず必要なのは日程調整です。時間的余裕のある職場であれば、日程調整に悩むことはないかもしれませんが、そうともいかないケースも多いはず。スタッフの心理的負担感が最小化される日時に設定しましょう。

日程調整の悪い例を挙げます。

皆さんのチームは多忙であり、スタッフの様子を見ていたらなかなか時間が取れずにずるずると夕方になってしまった。やっとひと段落ついたので、午後5時に、「これからミーティングを開始します」。

スタッフはどう思うでしょう。中には保育所に子どもを迎えに行く人もいます。習い事などの予定がある人もいます。そもそも、日中の疲労が蓄積しているため、効果・効率的なミーティング運営は期待できません。「ミーティング日程の設定」という入り口段階からネガティブなイメージを持たれてしまったら、合意形成にも悪影響を及ぼしかねません。

皆さんがどういう日程でミーティングを組むかで、スタッフは、マネジャーがチーム全体やスタッフ一人ひとりの様子を把握できている人か判断してしまいます。平日に時間が取れないからと休日に設定するなど論外です。スタッフのスケジュールも聞きながら心理的負担感が最小化される日時を検討し、必ず予告しましょう。

中には、「スタッフはみんな忙しく、ミーティングの時間など取れない」と悩むマネジャーもいるようです。これは逆で、**忙しいからこそやる**のです。「忙」という字は「心を亡くす」と書きます。スタッフは目の前の作業に没頭していて、意思疎通ができていない状態にあるのです。つまり、「チーム」ではなく、「個の集合体」に陥り、内心では不満が渦巻いています。さらに、スタッフは、個別ヒアリングですでに伝えた仕事の不満に対して、マネジャーが解決に向けて動いてくれることを期待しています。これらの**不満を解消できるのは、マネジャーである皆さんだけ**です。

実際にミーティングを開催すると、**個々の作業を止めてでもミーティング時間をつくることの意義をスタッフは実感します。**お先真っ暗だった方向性に見通しが立ち、スタッフ間の相互理解による相乗効果が出て、「ミーティングに掛けた時間」と「以後の仕事に掛かる時間」とを比較した際の心理的な費用対効果が高いからです。こうした実感を与えられないミーティング運営はマネジャーとして失格です。

さて、開催日時を予告すると出てくる疑問は、「何を話し合うの？」です。日時とテーマを同時に予告することにより、スタッフも自分なりの考えをまとめたうえで参加することになるため、効率的な運営が期待できます。ただ、「ミッション・ビジョンを皆で共有したいので」では少し難しいので、「個別ヒアリングで出た課題をシェアして、解決策を考えたいので」くらいに伝えるのが適当です。

ミーティング開催についてスタッフと合意形成できたら、事前に必ず上司に報告しておきましょう。皆さんのチームだけが全員席をはずして集まり議論していると、不信感を抱く上司もいるかもしれません。

個別ヒアリング結果の発表

ミーティングでは、まず、ミーティングの時間をつくってくれたことと個別ヒアリングへの協力に対する感謝を述べ、アイスブレイクをしてから始めます。その次に個別ヒアリング結果を発表しますが、その際、３つのポイントがあります。

第一に、**発言者が特定されないようにすることです**。ネガティブな内容の場合は当然ですが、ポジティブな内容でもひいきしているように見え、チーム化に逆効果です。

第二に、全員の共感を得やすい労務に関する意見から入り、マネジャーとしてそれに**同調しながら方向性を出していくことです。**「多くの方から残業を減らしたいという意見が出ました。私もそう思います」といった感じです。この方向性に否定的な反論は出ないでしょうし、実は、以後の合意形成の際の布石ともなります。

第三に、**発表するのはミッション・ビジョンを共有するための意見に絞ることです。**皆さんのチームは調査機関ではありません。ヒアリングで出た意見全てに触れることは、時間の無駄であるだけでなく、焦点がぼやけます。しかし、自分の意見が発表されないと不満に思うスタッフがいるかもしれません。その場合は、冒頭で「皆さんからたくさんの意見をいただきました」と述べ、最後に「ほかにもいろいろな意見をいただきましたが、その最大公約数はこんな感じでしたが、時間の都合もあるので今日は省きます」としめましょう。

ポイント
ミーティングの日程調整がチーム化の第一歩

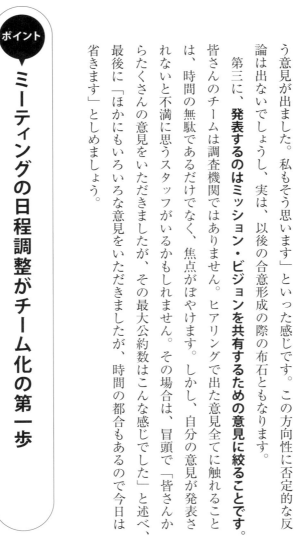

2

〔ステップ2〕課題解決に向けてチームで意見交換する

最大公約数的な意見を発表し、方向性を打ち出す

「多くの方から残業を減らしたいという意見が出ました。私もそう思います。そして、特に残業の原因となっている事業が、体操教室だという意見が多数でした」

このように、スタッフの個別ヒアリングで出た**最大公約数的な意見を発表した後は、課題を共有したうえで、方向性を出していきます**。そして各スタッフに配慮しながら、こう続けます。

「この事業は、教室開催の日時を決め、会場を予約し、募集を掛け、参加者名簿をつくり、決定通知を発送し、当日は会場に出向き、体操を実演するという7つの工程を抱えています。確かに負担感の大きい事業ですよね。担当者であるAさんはよく頑

張ってくれています。決定通知の発送や当日の運営には皆さんも応援してうまく回してくれて、とてもありがたく思っています」

このとき、**時代の変化といった客観的事実を挟む**と効果的です。

その後、**スタッフの危機意識を高め、ミッション・ビジョンや個人の意思を、チーム全体の共通認識にします。**

「ところで、この事業がスタートしたのは今から10年前でした。当時、本市の高齢者は○万人でしたが、今では●万人となっており、◎万人増加しています。また、今後も増加する傾向で、ピークである20XX年には□万人に達する見込みとなっています。このことを考えたときに、今の事業のままで進められるでしょうか。もちろん、職員数を増やせばこなせますが、市全体の方針として定員を削減していく方向であり、増員はできないでしょう」

このように、多忙なスタッフがなかなか読むことができない**上位規範等はマネジャーが読み込み、自らのチームに適用したらどういうことなのか、スタッフ全員が理解できるよう説明**していきます。人口統計、定員計画等の上位規範をブレイクダウンして説明すれば、納得も得られやすくなります。

合意形成してから解決策を意見交換する

次に、マネジャーとしての改革プランの発表に進みたいところですが、ここは少し我慢です。「私は今述べたように思っているのですが、皆さんはどうでしょうか」などと、危機意識を共通認識化できたことをチーム全体で確認する必要があります。この発問の後、スタッフは、おそらく軽くうなずくなどの態度で同意を示すはずです。呼吸を置いた後で、課題を解決する対策について意見交換する時間を設けましょう。

この時もしかすると、責任感が強い担当のAさんが、「私がもっと頑張ります」と発言するかもしれません。さあ、どうしましょう。焦ることはありません。これも上位規範や世論の動向を伝え、たとえば次のように、進めるべき方向へと導きます。

「Aさん、ありがとう。しかし、今は働き方改革やワークライフバランスも大切です。市として時間外勤務縮減方針も出ています。何より、Aさんがオーバーワークで倒れてしまうことが心配で、そのような方向の指示は私にはできません。そして、Aさんもいつかは異動しますが、後任者が同じことをできるかも未知数です」

そのうえで、フリーディスカッションへと進めます。

「では、この事業をどうしていったらいいと思いますか。Ａさんが異動して来年度は皆さんが担当になるかもしれない。全員が、今担当している仕事であるとか、先輩・後輩といった関係であるとかは抜きにして、よりよいあり方を求めて意見を出してください」

これで活発に意見が出てくれば問題なく、そのまま続行します。しかし、突然問題提起されても何も出てこないこともあるでしょう。このときに、「では時計回りに」など意見を求めることは控えましょう。

問題意識そのものはすでに共有されているのです。ただ、にわかには解決案が浮かばないということによる沈黙であり、そこまでは機が熟していないということなのです。時計回りにしたところで、沈黙時間ができたり、ジャストアイディアにとどまったりすることでしょう。

特に、沈黙時間をつくることは、時間の無駄であり、スタッフ一人ひとりにそのような真意はなくとも、ミーティングそのものや検討課題そのものに対する否定的なイメージをもたらしかねません。ましてや無理やり発言させることは、せっかく構築した共通認識をも崩壊させてしまう危険性をはらんでいるのです。

暗いイメージでのミーティングでは、生産的な議論は期待できません。仕切り直しが必要です。少し様子を見て意見が出なそうであれば、

「では、この課題について解決策を一人一案考えてきてください。ペーパーにまとめたりすることは不要です。１週間後に意見交換しましょう。私もスタッフの一人として考えてきます。今日はありがとう」

として、その日はしめ、次の機会を設けましょう。

ちなみに、ミーティングや面談で、非接触型の形式が求められることもあるでしょう。実際に新型コロナウイルスの感染予防で、リモート勤務や交代勤務を導入する自治体もありました。このような場合は一方通行にならないよう注意が必要です。特にメールは行き違いが発生しがちなため、電話を併用するなど、工夫して意思疎通を図ります。Ｗｅｂ会議では発言のないスタッフを指名して発言を促しましょう。

ポイント

危機意識を高めて進むべき方向へ導く

3

〔ステップ3〕ミッション・ビジョンをアクションに移す

ミッション・ビジョンへの合意

解決策などの意見交換には、フリーディスカッションの場を設けましょう。「私が先に発言するとそれに左右されて自由に発言できなくなってしまうかもしれないので、私は最後に発言します」としてスタッフからの発言を促しましょう。スタッフからの発言の中で、導くべき方向性に合致する意見が出てきたらしめたもの！　その意見を拾い、深掘りし、合意形成へと導いていきます。

しかし、意見が出てこないことも想定されます。そのときこそ、チームで**ミッション・ビジョンに立ち返る**チャンス。スタッフの意識を喚起します。

「体操教室は、そもそも何を目的に、どういう社会を実現したくてやっている事業なのかに立ち返ってみましょう。本市の〇〇計画では、『高齢者になるべく健康な状態で過ごしていただく』という目標を掲げていますよね。これが私たちのミッション（使命）です。これを実現するためには、いろいろな方向性で施策展開が考えられます。市立病院や介護事業所が担うものなど、所管によって異なりますが、私たちの係が担っているのは『体力低下をくい止める』方向で事業を検討し進めていくことであり、これが私たちのチームのビジョンですよね」

ここでひと呼吸入れ、異論がないことを確認します。

スタッフは皆さんに注目し、次の発言を待つことでしょう。「異論が出なければ合意」が大人のルールであり、これまでのステップで、ミッション・ビジョンに関しては十分に合意できる素地ができているはずです。

ミッション・ビジョンからアクションへ導く

その後、**マネジャーの感じている問題意識を共有したうえで、マネジャーとしての考えを提示していきます**。このときただ提案するだけでは、反発は不回避。課題や手順など実現可能性にも触れておきます。たとえば次の流れで話すとよいでしょう。

マネジャーの考え・提案	問題意識
皆さん、体操教室修了者が体操グループを結成して、公園で自主的に活動しているのを見たことはありませんか。このグループに協力してもらってはどうでしょう。認知症予防のためにも、高齢者には『きょういく』（今日行くところ）と『きょうよう』（今日する用事）、そして社会参加が必要なことを知っていますよね。今の高齢者はまだまだ元気で、社会貢献意欲もあります。今は公助から共助へシフトしていく時代です。体操教室の事業を、生きがいや仲間づくりにもつながる、体操グループへとシフトさせませんか。	体操教室がスタートした10年前は、昭和を支えた企業戦士たちの大量退職期にあたり、当事者である高齢者の方々が、いざ定年退職となったときに何をすればいいかわからない時代でした。そうした時代であったからこそ、市が運動の機会を設けることに意義があったわけです。しかし今では、市内には多数のスポーツジムができ、一部の高齢者は自らジムに通い、体操する習慣ができています。一方でジム通いには費用が掛かるため、家庭の経済状況にも左右されます。ですからもちろん、民間企業に全てゆだねることはできません。では、ほかに手段はないのでしょうか。

提案の実現可能性

もちろん、来年度から全ての教室を廃止するのは激変過ぎて理解が得られないでしょうし、体操グループとの合意を得なければいけません。そもそも、グループの全容が把握できていないため、調査も必要です。そこで今年度は、今の事業を継続させつつ、来年度以降の準備を行い、さらに、調査する中で、協力が得られそうなグループにはモデル的に事業を実施してもらって、全市展開のための課題を洗い出すのはどうかと思うのですが、いかがでしょう。


マネジャーの話で、考えるきっかけを得たスタッフからは、

「そういえば、私の町内の公園でも自主的に活動している体操グループがあります」

「体操グループの中心メンバーであるXさんを知っています」

「実行メンバーに保健体育の恩師がいらっしゃって、協力していただけそうです」

などと、いろいろな意見や情報が出てくることでしょう。

アクション段階の意見交換はスタッフの声を重視する

中には、皆さんの想定外の意見もあるかもしれません。でも、それでいいのです。

それが全員で議論することの意義なのです。ミッション・ビジョンレベルでは合意に至っているのですから、**アクションレベルでは方向性さえ誤っていなければ、スタッフの意見に耳を傾けましょう。**よりよい意見が出るかもしれません。

「民間スポーツジムに体操教室を委託してはどうでしょう」

「コミュニティセンターでラジオ体操を放映すればいいんじゃないですか」

「老人クラブに保健体育科の教員ＯＢ・ＯＧを派遣するのはどうでしょう」

いずれも、「高齢者になるべく健康な状態で過ごしていただく」というミッション、「体力低下をくい止める」というビジョンからははずれていません。こうした意見も選択肢に加えたうえで、**費用対効果、実現性、実効性等の観点から最善の改革案を検討し、チーム全体で合意形成を図っていけばよい**のです。

ポイント

ミッション・ビジョンを丁寧に説き、アクションへと導く

4 〔ステップ４〕事務分担体制について合意を獲得する

事務分担体制への合意

事業や業務を改革したり、軌道修正したりする場合、具体的な解決策への合意形成はできても、それを誰がやるのか割り振らなければ組織は動きません。しかし、「変わること」には事務的な負担が伴います。この負担が、対象となる事業の担当者１人に偏ることは、マネジャーとしては避けたいところです。

ミーティングを通じてミッション・ビジョンとアクションについて合意形成を図る中で、実現には多くのプロセスが必要であることがスタッフの中でも共通認識されています。そのため、それに伴う事務分担の見直しも理解されやすいことでしょう。

そこで、マネジャーから、事務分担の一部見直しを提案します。

まず見直しの必要性を切り出した後、具体的な分担案を伝えます。そして、その人がふさわしいと思う理由も伝えるとよいでしょう。たとえば、次のような具合です。

見直しの必要性と提案

この改革案を実現するためには結構な労力が必要なことは皆さんわかりますよね。でも、一時的には負担が増えても、将来を見据えるといつかは取り組まなければならない。課題の先送りは許されません。将来、チームを担う後輩たちに課題を残さないよう、今年度中に改革に着手しましょう。さて、その場合に、これを担当のAさん1人に押し付けていいものでしょうか。もしも皆さんが担当者だったら、大変に感じますよね。そこで、事務分担を一部見直したいと思います。

分担案と理由

改革案は、私とAさんで検討します。結果は皆さんと共有のうえ、ミーティングで合意形成を図り、上へ上げたいと思います。次に、体操教室の運営は、過去10年間の蓄積がありパターン化していますよね。そこで、Aさんの指導を受けながら、事務処理が早いBさんに前日までの準備を、社交的なCさんに当日の教室運営をお願いしたいと思います。念のため、前日までの準備とは、教室の日時・場所を決め、募集した参加者に通知を発送することで

具体的な

す。当日の教室運営とは、会場に出向き、体操を実演することです。次にＤさん、企画調整課での経験を活かして、体操グループの調査に役立ちそうなデータを集めてみてください。そしてＥさん、市民協働課での経験を活かして、円滑にモデル実施できるコツを考えてみてください。両課長には私から話しておきます。

仕事の分担案を考えるのはマネジャーの仕事です。しかし、特に年度途中での変更は、納得性が高く負担感の少ない分担となるよう配慮が必要です。一方で、あえて未知の業務を経験させ、この機会をＯＪＴとする視点も大切です。

さらに、過去に同様の事業を経験したなど、マネジャーが知らない経験を持つスタッフがいるかもしれません。そこで、ここでも合意形成です。「私は以上のように考えたのですが、皆さん、いかがですか」とスタッフの意向も聞きましょう。問題がなさそうであれば合意、意見が出れば微修正しますが、チーム全体として偏りが出ないように調整しましょう。

なお、マネジャーが前もって知らなかった事情があり、負担が厳しいスタッフがいる可能性もあります。この場合も、単純業務の一部でも負担してもらってチーム全体のバランスを保ちつつ、残った部分はマネジャーが請け負う覚悟も必要です。

スケジューリングと進捗状況の共有

事務分担が決まれば、次に課題となるのは「いつまでにやるのか」です。スタッフ全員でのミーティングで決められるようであればベストですが、骨組設計に関する部分は検討に時間がかかるので、司令塔であるマネジャーとメイン担当者とで検討の上、次週提示するとしたほうがスムーズかもしれません。

ミッション・ビジョンとアクションやその事務分担が合意形成できた段階でお開きとします。**チーム全体に、改革への密かな闘志がみなぎっている**ことでしょう。もちろんかすかな不安もあるはずですが、ワンチームで臨み、チーム全体で乗り切っていくのです。そこで、スタッフを安心させるための後押しとして、「皆さんの協力のおかげで合意に至ることができました。誰もが定時退庁できるよう、皆で少しずつ力を出し合って進めましょう」と感謝と今後の姿勢を見せてしめましょう。

さて、マネジャーとメイン担当者は、割り振った仕事に漏れ落ちや重複がないか配意するとともに、各々の進捗状況を把握しておく必要があります。進捗状況を随時報告してもらうとともに、自らもスタッフが報告しやすい環境をつくりましょう。

上司への報告

ミーティング実施について事前に予告を受けている**上司は、ミーティングの結果を気にしている**はずです。必ず結果報告を入れましょう。

もし、全庁の方向性と異なる案を検討してしまい、立案後にそのことに気付いたとしたら膨大な無駄が発生しますし、スタッフからの信用も損なってしまいます。

上司は全庁の方向性と照らし合わせ、また、上司自身の経験から、アドバイスをくれるでしょう。場合によっては関係する上層部へ働きかけてくれるかもしれません。

上司も巻き込んだワンチームにできれば最高です。

ポイント

事務分担はバランスに留意して合意形成する

COLUMN 5

旅行＋α（海外編）

◎シアトルでのホームステイ

初のアメリカ旅行は、大学生のときにホームステイしたシアトルでした。それ以来、シアトルを２回訪問していますが、ある夏の日、パレードに遭遇しました。そして、目を疑いました。

パレードですから、賑やかな音楽とともに華やかな衣装をまとった人々が、沿道に手を振りながら歩きます。その一群の中に、警察官、消防士のパレードがありました。まぁ、これは制服がかっこよく、日本でも観閲式や出初式があるため、想定内かもしれません。しかし、それに続いて、普通の公務員もパレードに加わっているではありませんか！

しかも、沿道からは他と変わることのない拍手や口笛が贈られています。これって日本でありえなくない？　あぁ、彼らはヒーロー・ヒロインなんだなと、胸が熱くなる瞬間でした。

◎ノースバンクーバー市役所、サンフランシスコ市役所

カナダのノースバンクーバー市役所の庁舎入口には、その日の市長の在室時間が掲示してあり、welcome! モードです。

サンフランシスコ市役所の入口には、空港と同様の金属探知機があります。さすが銃社会です。しかし、そこを抜けると、巨大な油絵やテラスがあり、なんと！ウェディングドレスとタキシードのカップルが、写真撮影をしていました。庁舎が市民の財産と認識されている光景でした。

◎オーデンセ市役所、ストックホルム市役所

デンマークのオーデンセ市役所は、アルコール好きにはたまりません！庁舎１階に地ビールの醸造所があり、庁舎前の広場で飲めるのです。

スウェーデンのストックホルム市役所は、ノーベル賞受賞者の晩餐会会場としても有名です。晩餐会で提供する料理を食べることができるのですが、２万円！　むろんあきらめました。トホホ……。

文化・国民性の違いといってしまえばそれまでですが、庁舎とは、単なる職員の仕事場なのか、市民の財産なのか、ふと考えさせられます。

第6章

個人の力を最大限引き出すチーム化のツール

チームが動き出したら、スタッフ皆がよいパフォーマンスを発揮できるよう、環境を整えていきます。スタッフの個人力を引き出し、チーム力につなげていくポイントをみていきましょう。

1

前任者・経験者から情報を収集する

業務上の課題は人脈を築いて情報収集

情報収集は、個々のスタッフが持つ「個人力」を最大限引き出し、チーム力につなげていくツールとして、とても重要です。

特に落下傘着任の場合は、それまでのチームやスタッフの情報がない分、情報収集が不可欠であり、前任者から業務上の課題や人間関係に関する情報を収集することが一般的でしょう。

ひと口に「業務上の課題」といっても、「業務の執行体制は最善か」といった方法論的なものと、「業務そのものが必要か」という本質論的なものとがあります。

まず、方法論的なものから見ていきましょう。一見順調に回っているように見えても、課題がない組織というものはありません。さらに業務の性格により最善な執行体制は異なります。スタッフがそれぞれ業務を持っていても、相互の連携がなく、いわば研究職的に各自バラバラに担当するやり方もあるでしょうし、逆に全員で協調しながら取り組むやり方もあるでしょう。また、前者と後者のブレンド具合にもバリエーションがあるため、何が正解と一概にはいえないのです。

特に持ち上がり昇任の場合は、こうした執行体制をはじめ、業務上の課題を認識しているはずですが、落下傘着任の場合は、業務そのものが未経験であるため、課題がわからなくてもやむを得ません。

こうした状況であっても、着任して間もなく行われる年度当初の目標申告で、業務上の課題とその解決方法をエントリーすることになっている自治体もあることでしょう。

「業務内容」は内示後に予習のうえ、**前任者からの引継ぎの機会に理解を深めていくことが効果的です**。その際、「業務上の課題」にも言及してくれる前任者もいるでしょうが、現任のうちは現状を与えられたものとしてしまうこともあります。

業務上の課題については、その部署のＯＢ・ＯＧのほうが、すでに直接の関係者ではないために、客観視できていることがあります。この情報を自ら集めて回ることは少し難しいことでしょう。ところが、適切な人間関係を構築していれば、皆さんを心配してくれている経験者から、こうした情報は自ずと集まってきます。

私は勤続28年間で15の部署に所属してきました。平均2年未満で異動していますが、毎回、業務上の課題や解決策を教えてくれる先輩がいらっしゃいました。たとえば、スタッフの個人力を引き出してチーム課題を解決するために「自分はこうした」という事例のほかに、「在任中は着手できなかったが、こうすればうまくいく」というものもありました。助言がない場合、この認識レベルに達するには異動後数か月間の期間を要することでしょう。経験者からの情報提供はありがたいものです。

次に、「その業務そのものが必要か」といった本質的な課題ですが、**企画部門に知人がいれば、全庁的視点からアドバイスが得られる可能性があります。**たとえば、配属となったA課と全く異なったB課とで業務に親和性があり、連携・改廃できる可能性があるといった情報です。

こうした**情報を寄せてくれる人脈**を普段から築いておきましょう。

人脈を超えた情報取集

では、このような人脈がない場合には、どうすればよいのでしょうか。答えは簡単です。全庁に呼びかければよいのです。

以前、私は新たな図書館計画を策定することになりました。この計画は、50年前の右肩上がりの時代に策定した計画を改め、今後の人口減少や施設の老朽化を踏まえて方向性を大きく転換する計画であり、多くのアイディアを必要とするものでした。

図書館ははじめての部署だったため、異動にあたって、複数の図書館長経験者にアドバイスをいただきました。その話から、館長経験者以外にも、業務上の課題を認識している図書館職員ＯＢ・ＯＧが存在するはずと確信しました。

そこで採った手段が、**庁内イントラネットを活用した職員提案**です。「新たな図書館計画を策定するにあたり、皆さんの意見を聞かせてほしい」と1か月間にわたり、全庁に募集しました。

結果として、１００件を超える提案がありました。現役の図書館職員からは、普段感じていてもなかなか実現できない課題とその解決案が提起されました。

図書館職員ＯＢ・ＯＧからは経験者ならではの具体的な提案が得られました。たとえば、ある図書館職員ＯＧが現在所属している事業課とのコラボによる企画です。図書館側としてはより専門性の高い企画を実現できることになりますし、事業課側としてはより一層の宣伝効果が見込めます。これは、ほかの部署も巻き込んでチーム化に成功できたということになります。

また、図書館経験はなくてもほかの自治体に居住している職員からは、その自治体の図書館で採用している先進例が寄せられました。結果的に、全ての提案のうち、８割超を実現させる方向で計画することになりました。

課題の存在には、プロである職員自身が気付いています。しかも、コンサルタント料は不要です。個人の中に宿っている力を可視化させ、組織の決定へと導いていき、その過程でチーム化を図る。そのプロデュースも、マネジャーの役目です。

ポイント
イントラネットを活用して全庁から情報収集する

2 個別面接は意思疎通が最重要

希薄化しがちな人間関係

たとえ家族であっても、言葉を交わさなければ意思の疎通はできません。ましてや、スタッフとマネジャーの関係はチームとはいえ、辞令一つで一緒になった他人同士です。さらに、勤務時間や形態の多様化により、顔を合わせる機会自体が少なくなってきています。だからこそあえて、スタッフと面接の機会を設けることが必要なのです。

皆さんにもこのような経験はあるはずです。

ある日、電話に出ると相手はすごい剣幕で一方的にクレームを述べています。そこで、その方のところへ出向き、話をうかがうと、何ということはなく収束した……。

これが対面効果です。この効果を利用し、**実際に会って話をすることで、信頼関係**

が生まれ、問題解決しやすい環境をつくることができます。

面接の準備

皆さんの自治体では、「面接を年何回実施すること」とされていますか。また、「誰が誰に実施すること」とされていますか。

千葉市では、年3回実施します。年度当初の目標面接、秋の中間面接、年度末の育成面接です。自治体によって多様だと思いますが、これが一般的なところでしょう。

では、面接は、組織的に決められた回数・決められた面接者しか行ってはいけないものなのでしょうか。答えはNOです。組織的に決められたものは、全庁共通の最低限のルールであり、**意思疎通のために必要であれば、＋αも認められる**はずです。

また、面接は量をこなせばよいものでもありません。スタッフの情報や意見を引き出すための準備が必要になります。

面接の流れは、「個別ヒアリング」と同じですが、ここで改めて必要な準備に焦点を当て、落下傘着任者の年度始めの面接の例をもとに、ポイントを確認しましょう。

第一に、その名称です。「面接」や「ヒアリング」に相当するものなのですが、中には「面接」というと人事評価につながると思い身構えるスタッフがいるかもしれませんし、「ヒアリング」というと片方向性が強調されます。そこで、不信感やストレスなく実施するために、仕事内容を聞くための「意見交換」ぐらいが適当でしょう。

第二に、時間です。①アイスブレイク、②スタッフ側からの意見の表明、③マネジャーとしての意見の表明、④合意形成とステップを踏むと、**30分は掛かるはず**です。十分な時間を設定しましょう。意識あるスタッフは、この機会に言いたいことを用意してくるでしょう。複雑な家庭環境を抱えたスタッフから深刻な事態を吐露されたり、ハラスメントや不正の火種を発見したりすることもあるかもしれません。

第三に、途中で電話対応等でさえぎられないよう、また、プライバシーに配慮して、面接会場は別室を用意します。

第四に、何を聞くのかあらかじめ予告することです。私が係長だったときに使った意見交換のペーパーには、次の項目を入れました。

1　市役所内及び市役所外での経歴　※民間企業等経験者が存在するため
2　業務とその類型（庁内調整、対外交渉、計算、文書作成等）及び割合

3　年間における事務の繁閑
4　業務、課又は係の長所及び短所
5　改善したいこと、やりたいこと
6　今年度の業務上の目標

あらかじめこのペーパーを渡し、「聞くことはこれです。回答は口頭で構いません」と伝えることで、**スタッフは内容を予知でき、安心して回答の準備もできます。**

さらに、項目1から3は客観的事実ですが、4から6は評価であり、考え方です。この順で聞くことにより、スタッフ自ら、無理なく日々の反省や目標の設定を考えることができ、セルフマネジメントのきっかけとなります。

第五に、面接を実施することを上司に伝えておきます。

当日のテクニック

私の場合、当日は、先に面接会場へ入り、飲み物を用意しておきます。もちろんおもねる必要はないのですが、**アイスブレイク**のための小道具です。

ポイント

ストレスなく参加できる面接を設計する

次に、仕事の話に入りたいところですが、いきなりだと少し重い。とはいえ、いきなりプライバシーに関する話から始めるのも予告内容とは異なり混乱してしまいます。そこで、「この仕事ははじめてなので不安に思っていたのですが、数日間見ていると、ベテランであるあなたの仕事振りは安定していて、とても期待しています」「お互い異動してきたのではじめての仕事ですね。先輩方を見習ってともに早くマスターしましょう」といった具合に、**スタッフを認め、元気づける話から始める**のが適切でしょう。

話し合える雰囲気をつくったら、予告どおり項目1から始めます。個人情報は、項目3の辺りで聞くと無理がありません。「なるほど、決算期と予算期に事務が集中して残業になるんですね。帰宅が遅くなって、ご家族は大丈夫ですか」と尋ねると、気遣っていることが理解され、個人的なことも答えてくれることでしょう。ただし、個人情報はもとより、仕事上の内容についても、発言者の秘密を守ることが鉄則です。

3 ミーティングではずせない10のポイント

これまでに皆さんは無駄に思える会議を経験したことはありませんか。チームミーティングを主宰するマネジャーが、同じ思いをスタッフに味わわせてはいけません。そこで、生産的なミーティングにするための10のポイントをご紹介します。

形式的なポイント

〔ポイント1〕定期開催で心構えをつくる

ミーティングに出席するには、スタッフも心構えが必要です。毎週○曜日○時から、隔週○曜日○時からと決めましょう。

〔ポイント2〕所要時間は短く設定する

人間の集中力は時間の経過とともに低下します。情報共有や進捗管理が主題のときは30分間、議論すべき課題があるときも1時間30分以内とし、会議開始の際に終了時刻を予告しましょう。スタッフもその時刻までに終了できるよう協力してくれるはずです。

内容にかかわるポイント

〔ポイント3〕全体のスケジュール情報を共有する

スタッフは業務に追われがちで、チーム全体や役所全体のスケジュールに気が回っていないことがあります。「今週は水曜日に○○イベントがあります」「金曜日から議会なので、幹部の予定は押さえづらくなります」のように情報共有しましょう。

〔ポイント4〕進捗管理とセルフマネジメントを同時達成する

スタッフ一人ひとりから、前回のミーティングから今日までの業務の進捗状況と今後の予定を発表してもらいます。これは、マネジャーとして進捗管理をすることもさることながら、スタッフにセルフマネジメントを促すことが真の狙いです。前回と発表内容が同じであったり、遅延したりしていれば、チーム全員にその状況が明らかとなるため、各自仕事ぶりを見直すようになります。

〔ポイント5〕発表を聞きながら重複・漏れ落ち防止を図る

特に新たな仕事の場合、事務分掌が明確化していないものもあることでしょう。この場合、進捗状況の発表で重複や漏れ落ちを確認することができます。

〔ポイント6〕スタッフ間での相互理解を深める

たとえば、水曜日に開催するイベント準備に追われて多忙なスタッフAさんは、一日中パソコンに向かって静かに座っているスタッフBさんに対して、「暇そうでいいな」と思っているかもしれません。しかし、Bさんは、金曜日から始まる議会の前に必要な企画書を作成しているのかもしれません。このように、ほかのスタッフが今やっている仕事を明らかにさせることは、相互理解につながるのです。

チーム化のためのポイント

〔ポイント7〕繁閑を踏まえ、協力体制を構築する

締切近くで忙しいスタッフがいる一方で、緊急を要するものでない仕事をしているスタッフがいることもあるでしょう。この場合、進捗状況発表の際に、スタッフ自ら「手伝います」という発言が出てくるようであれば、すでにチーム化に成功していま

す。しかし、こうした発言が出てこないようであれば、そこはマネジャーの出番です。「Cさんは早めに資料作成に着手してくれてありがとう。少し余裕がありそうだから、水曜日までAさんを手伝ってあげてください」

このように役割を調整すると、協力体制をつくることができます。なお、Cさんはいつも仕事が早いようであれば、人事評価に反映させましょう。

〔ポイント8〕アイディア出しでチームの知識を結集する

進捗が滞っているスタッフがいれば、何か問題が発生していることが考えられます。また、今後の予定が明確化できていないスタッフがいれば、経験不足で進め方がわからないのかもしれません。

公務員の仕事は個人ではなくチームで進めるものです。チーム全体にアイディアを募りましょう。「類似のイベントでこうやったらうまくいったよ」「動きの悪いD課には知人がいるので、それとなく状況を聞いてみるよ」「E部長には経緯から説明するより結論から説明したほうがいいよ」など、何かしら突破口が見えてくるはずです。

〔ポイント9〕合意形成は明確に行う

スタッフが出したアイディアをそのままスルーしてしまうと、それがチームとしての合意事項か、あいまいとなって宙に浮いてしまうことがあります。アイディアベースのものをマネジャーとして整理し、本来の担当者が理解できたかを確認したうえで、「では、今出たアイディアで進めていくこととしましょう」とまとめましょう。

〔ポイント10〕途中段階でも結論を出し、生産性を高める

全ての案件で合意形成に至ればよいのですが、中には解決に至らないものもあるでしょう。予定時間内に収束しない案件は、まだ煮詰まっておらず、このまま続けても非生産的です。ミーティングがスタッフから敬遠されるのは生産性が低いときです。

そこで、途中段階であれ、その日議論してきた結論をまとめ、手戻りが発生しないようにします。そのうえで、解決案を次回までに一人一案考えてきてもらうなど、今後の道筋を示し、閉会とします。

マネジャーは、スタッフの時間を無駄にしてはいけません。

ポイント

生産性の高いミーティング運営を心がける

4 ＯＪＴは計画的かつ適宜実施する

ＯＪＴはスタッフを伸ばす絶好の機会

ＯＪＴ（On the Job Training ＝職場研修）とは何か、しっかり理解していますか。これは、職務の遂行に必要な知識、技術等を習得させるため、各職場で行う日常の仕事を通じた助言、指導等のことです。

もし、皆さんが、職員研修や人材育成は研修担当課が行うものと思っているとしたら、それは誤りです。もちろん研修担当課も行いますが、それはＯｆｆ－ＪＴ（職場外研修）と呼ばれるもので、全庁に共通する一般的なルール等を学ぶものです。研修担当課が主催するＯｆｆ－ＪＴを「大教室で行う集団研修」、ＯＪＴを「小教室で行う個別指導」にたとえるとわかりやすいかもしれません。

研修担当課は全ての職員の日々の働きぶりをチェックし、個々の職員の長所・短所に合わせてカスタマイズした研修をセットすることはできませんが、ＯＪＴは、一人ひとりの職員、職場環境や職務内容の特性に応じた柔軟で具体的な指導が可能です。

また、日常の職務の中で行うものであるため、必要に応じて随時実施できます。学生時代、テストで間違えたところを見直してマスターした経験は誰しもお持ちでしょう。間違えたすぐ後だからこそ身につく効果的な研修方法なのです。

問題は、日常の職務を通じて行うものであるからこそ逆に、意識しないと職務の中に埋没して実施されない恐れがあるということです。

チームマネジャーは職場の「お父さん」「お母さん」です。我が子の**長所を伸ばし、短所を克服させるのは、子どもを独立させるために必要な機会**であり、その機会を与えるのはマネジャーの大切な役割です。

ＯＪＴは計画的に実施する

「計画的に」というと、「計画表の作成か……」などと詳細に予定を決める計画と直結しがちですが、ＯＪＴのために管理的な仕事を増やすことは本意ではありません。

皆さんはすでに、個別面接等の機会に、各スタッフのこれまでの経歴、事務の繁閑等を把握しています。そこで、その情報に基づき、大枠の計画を立てるのです。たとえば、「これまでに定型的な資料しか作成した経験がないスタッフには企画書を作成する機会を与えてみよう」「少し引っ込み思案なスタッフには説明会での説明を経験させてみよう」などと**頭の中で計画しておけば十分です。**

次に、スタッフにやることを伝えますが、未経験の仕事を担当するよう突然伝えられると、スタッフは不安に思うのが当然です。また、マネジャーとしても何回かやり直しが発生することは予想されるところでしょう。こうしたことを見通せているか否かは、マネジャー自身の計画性の有無によります。少し余裕のあるタイミングで指示を出しましょう。

ＯＪＴをフル活用する事例

ＯＪＴを具体的に実施するための例を２つ挙げましょう。

第一に、企画書作成の例です。まずは期限を設定したうえで、自由に作成させてみましょう。第一案が上がってきたら次の点を中心にチェックし、適宜指導しましょう。

・誰が読む資料なのか

読むターゲットが課長か、部長か、首長かによって、結論を先に書くか後に書くか、データや根拠法令がどの程度必要か、ボリュームはどの程度が妥当かなどが変わってきます。

・結論に至っているか

意図が伝わらないようでは企画書とはいえません。結論に至る根拠や背景に一貫性やストーリー性があるか、矛盾はないかチェックします。

・誤字脱字はないか

公文書には「又は、若しくは」「及び、並びに」等のルールがありますが、こうしたルールを学ばせる契機ともなります。

このような指導は、単なる修正指示にとどめず、「課長に納得してもらうにはほかにもこんなデータが必要だよね」「首長は多忙だから1枚で完結にまとめる必要があるんだよ」「文書事務にはほかにもいろいろなルールがあるから文書事務マニュアルを読んでみて」など、**＋αの助言で人材育成としての付加価値を加えましょう。**

第二に、説明会の例です。これは私がかつて係長から機会をもらった実例です。ある全庁的な仕事を担う職員に対する説明会で、説明役をやるよう指示を受けました。内容や参加者のレベルから、係長がやるものと思っていた仕事でしたので、はじめは「えっ？」と驚きました。

しかし、一緒に仕事をしたことのない他課の職員に、どのような手順で説明すればうまく伝わるか考えることは、貴重な経験になりました。また、大勢の前で説明する機会を得たことは、後に住民や議員に対して説明するときの免疫にもなっています。

日本を代表する経営者の松下幸之助は、「部下に任せることが必要だ。そのうち部下は必ず一人前になり、時には自分よりうまくなる」という旨の言葉を残しています。

自分を成長させてくれるマネジャーかどうか、スタッフは感覚的にわかるものです。

そのようなマネジャーでありたいですね。……自戒を込めて。

ポイント

ＯＪＴは人に合わせてカスタマイズできる個別指導

5

中だるみは中間面接で予防する

秋という季節

我が国には四季があります。桜の開花とともに訪れる希望に満ちた春、地球温暖化により酷暑ともいわれる夏、天高く馬肥ゆる秋、凍れる冬。春にミッション・ビジョンを共有してスタートしたチームも、夏には休みが交代で入り、全員が顔を合わせる機会は少なくなりがちです。中には、暑さでバテがちなスタッフも見られます。

そして迎えるのが秋です。1年間の折り返し点にあたることに加え、来年度予算案の作成が始まるプランニングの季節でもあります。

私たちは季節に適応して暮らしてきました。折しも高温多湿から解放され、体への負担も減り、集中力を高めていく好機です。中間面接でねじを締め直しましょう。

第一の狙いは事業の円滑な進行

中間面接の目的は、**上半期の振り返りを行い、下半期に向けた動機付けを行う**ことです。中間面接が制度化されていない自治体では、面接そのものに対するスタッフの精神的負荷を下げるために、次のように呼びかけてはいかがでしょうか。

「休みで顔を合わせる機会が少なかったので、これまでの進捗状況を教えてください」

実は、進捗状況は、月に何回か行っているミーティングで確認できています。しかし、これはミクロレベルの進捗です。イベント担当者であれば、「会場を選定しています」「募集資料の作成に着手しました」「応募状況は○人です」といった具合です。

これに対して、中間面接で確認する進捗状況はマクロレベルです。事業ごとではなく、年度における進捗等が、これにあたります。スタッフは、ミクロに追われるとマクロを見失いがちです。そこで、**マネジャーがマクロの視点に気付かせる**のです。

マネジャー　「年度内に○○を見直す予定のはずですが、どんな状況ですか？」

スタッフ　「思ったよりイベントに時間を取られてしまい、着手できていません」

マネジャー　「確かにあのイベントは大変ですね。でも、事業見直しにも着手しないと、来年度も同じことを繰り返してしまい、いつまでも解決できませんよね。これから来年度予算案の作成も始まりますが、それにも見直しを反映させていく必要もあります。頭の中ででも、どういうふうに見直したいか、イメージはありますか？」

スタッフは悪気があって放置しているわけではなく、結果としてそうなってしまっただけのはずです。しかし、そこにメスを入れないと、放置しておいても平気だと思われてしまいがちです。このような状態を回避するとともに、**こうした状態からの脱却を経験させ、スタッフを成長させる**のもマネジャーの役目です。

これまでに意思疎通を重ねてきたスタッフですから、皆さんが成長させてくれるために話してくれているということは、感覚的に気付くはずです。

事業見直しのイメージがあれば一緒にふくらませましょう。なければ一緒に考えて、障害があれば一緒に取り除きましょう。

もう一つの狙いは短所の克服への動機付け

半年も経てば、一人ひとりの長所・短所がかなり見えているはずです。中間面接はその**短所を克服させる**好機でもあります。しかし、短所を指摘されるのは誰しも好ましくないでしょうし、伝え方にも工夫が必要です。そこで、２つの方法を使います。

第一に、**サンドイッチフィードバック**という、言いたいことを真ん中に挟み込む手法です。**ほめる→指摘する→激励する、**という順番で、たとえば次のように進めます。

「Aさんは対人能力が高いですね。私などより住民対応はうまいと思います」

「でも、自分でもわかっていますよね、ケアレスミスが続いていますね。公務員にとって事務の誤りは致命傷となってしまいます。今は先輩や私がチェックしていますが、あなたもすぐにチェックする側の立場になります。そのとき自分がミスしていたら指導はできないですよね。だから、何とか今のうちに克服しましょう」

「私の克服方法（※第2章③参照）はこの前お伝えしましたが、ケアレスミスがないBさんにアドバイスを受けてみてはどうでしょう。ビジネス書を読んでみるのもいいでしょう。あなたの対人能力に事務処理能力が加われば、鬼に金棒です」

第二に、**客観的な事実を使います。それは「人事評価表」です**。これは組織としての要求水準をまとめたものです。「個人を感覚的に指摘しているのではなく、組織が求めていること」だと客観性が出るため、評価表の様式を用意して面接に臨みます。

「人事評価表は、評価のときにしか見ないかもしれませんが、ちょっと見てください。『正確性』という項目があって、『業務を正確に処理しているか』と書いてありますね。ケアレスミスが続いているのは事実だから、今のままでは年度末にこの項目を低く評価せざるを得ません。でも、私はそうしたくないし、そうさせないでほしい。これから克服できれば問題ないので、下半期の頑張りを期待しています」

伝えるべきことを伝えずに、表面的に当たり障りなく済ませることは、マネジャーとして責任放棄です。

皆さん自身にも長短があり、スタッフから見れば短所がないはずはありません。それが人間であり、それだからこそわかり合えるものでもあります。

主観を離れて客観的事実を使い、激励してモチベーションを上げ、面接を終える。

その後は、下半期における挽回とスタッフの成長に期待する。秋はそういう季節です。

ポイント
中間面接はモチベーションアップのチャンス

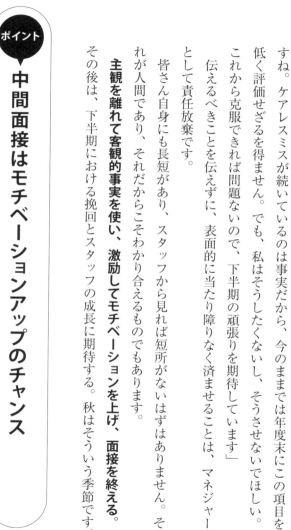

6

ラストスパートは1月のミーティングがカギ

ラストスパートか断念か

正月は家族で集まることが多いハートウォーミングな季節です。その流れに乗って、1月のチームミーティングをスタートさせましょう。

まずは自分の正月の話などから入り、アイスブレイクして始めます。

年始めのミーティングのメインは、**年度内に処理すべき案件への動機付け**です。このため、第4四半期に行う仕事の確認を行います。マネジャーとしては、年度内に処理すべき案件としてスタッフが認識できているか確認する意味を込めていますが、いつもどおり進捗状況と今後の予定を発表してもらうことから始めましょう。

この結果、スタッフに十分な認識があり、年度内に処理できそうな見通しであれば問題ないでしょう。しかし、そうでもない場合は次のようなテコ入れが必要です。

「今の発表でA事業はわかりましたが、B事業はあと3か月間でどう進めますか」

目標の安易な引き下げは避けたいところです。なるべく奮起させ、**ラストスパートを促します**。場合によっては、実現のために応援体制の構築も必要かもしれません。

しかし、現実的に実現困難な場合もあるかもしれません。この場合は、**やるのかやらないのか、チームとして方向性を決めていく**必要があります。

やらない方向とする場合、そうすることに理屈が立つかがポイントです。「検討した結果、時期尚早であると判明した」「より効果的な方法を検討中である」「今年度は課題整理を行い、来年度から盤石の態勢でスタートさせる」……。

もちろん、やらないことによって不利益を被る住民が存在するのであれば、納得のいく説明が求められることでしょう。しかし、批判を恐れるあまり、付け焼き刃で中途半端に実施することにも弊害があるかもしれません。両者を比較衡量したうえでの判断が求められます。

チームでの結論として、実施しない方向に至ったのであれば、上司に必ず報告します。上司はより高次の視点から、その判断の妥当性を見極めてくれるはずです。

ファイルとマニュアルの整理

1月のミーティングではほかにも実施すべきことがあります。それは**ファイルとマニュアルの整理の呼びかけ**です。

皆さんは、これまでに人事異動する中で、着任したら何だかわからない文書ファイルの山が残されていて辟易した経験はありませんか。「組織の保存文書としてのファイル」と「個人の手持ちファイル」のどちらなのか不明であったり、保存年限が経過しているファイルがあったり。そもそも背表紙がなく、いつ作成した何のファイルか、中を見なければわからないものもあったりします。

また、ファイルを開いても、目次やインデックスがないなど、整理されていないことがあります。さらに、何度も修正を重ねた文書にその旨の説明がなく綴られていると、どれが最終版かにわかに判別できないこともあります。

それでも、紙のファイルは、一目瞭然に場所を取っていることが明らかなため、問題視されやすいものですが、盲点となりがちなのは電子ファイルです。フォルダ名・ファイル名の付け方、また、階層構造に個人のクセがあったりすると、それを理解するだけでも一苦労です。

在任中に作成した、または前任者から引き継いだファイルの整理は、現任者の仕事です。ファイルは私的なノートではありません。職務上作成または取得し、組織において業務上必要なものとして利用・保存すべき公文書なのです。その管理は職務であり、個人の良心にゆだねられる性格のものではありません。

次に、マニュアルの整理ですが、これを普段から行っておくと、いざ異動というときに引継書として活用できます。

マニュアルは、初任者が見てそのとおりに行えば、8割は仕事が片付くレベルでの記載が必要です。手順だけでなく、必要なファイルの保存場所、FAQ（よくある質問等）もあると便利です。さらに、現任者として気付いている不具合があれば、その改善案も付けます。

これらを引き継ぐことにより、PDCAが機能することになります。できれば、マニュアル作成期限を少し早めに設定しておき、チーム全員でチェックするとよいでしょう。担当者がスルーしている内容の中に、重要なものがあるかもしれません。また、ほかのスタッフから学び、よりわかりやすいものに改善できるかもしれません。相互チェックし、ブラッシュアップしたものをチーム全体のマニュアルとします。**内示があってからバタバタとファイルやマニュアルを整理していたのでは時間が足りず、結果的に不完全な状態で後任者に引き継ぐことになります。**何より、「バタバタする」ということは、計画的に事務をこなせていないことの現れであり、本人も焦っているでしょうが、周囲にも影響が及びます。

異動の内示は神のみぞ知るものですが、可能性は皆さんを含め、全員にあります。これらの整理に組織的に取り組んでいる自治体であれば、マネジャーが呼びかける必要もありませんが、そうでない場合には職場の「お父さん」「お母さん」の出番です。スタッフに今後想定される事態に気付かせるだけでなく、後回しにしてしまいがちなことにチーム全体で取り組むことにより、インセンティブを付与する、人事異動に伴う一時的なパワーダウンを最低限に抑え込む、といった効果があります。

ポイント

年度末を見据え、仕事を見極める

COLUMN 6

中央省庁での経験で得た教訓

◎厚生省（当時）への派遣

私は、千葉市職員として採用されてから３年目に、初の異動を経験しました。異動先は東京事務所、実際には東京事務所付で、厚生省大臣官房政策課（当時）への派遣でした。

さぁ、東京で遊ぶぞ！　と思っていたら大間違い。定時になっても誰も帰る様子が見えません。午後７時になると、店屋物の出前表が回ってきました。霞が関では、夕食は職場でとる、が定番でした。

驚いたのは、自治省（当時）の食堂に「常備食」というメニューがあったことです。常備食って何でしょう？　答えは、カレーライスです。

◎官僚の志

さて、職場で夕食をとるということは、何時に帰るのでしょうか。最も多忙であったとき、月曜日に出勤して、はじめて家に帰ったのは金曜日の午前５時。シャワーを浴び、Ｙシャツを替えてのとんぼ返りでした。

この経験で、長時間勤務への耐性ができるとともに、少しでも早く帰れるように仕事を効率的にこなすスタイルへ変わることができました。

中央省庁の官僚がこうした長時間勤務に耐えられるのは、自らの手で国政をよりよくしたいという高い志に尽きます。

◎係長の教え

当時の係長は、東大法学部卒のキャリアです。私はその係長に、当時は紙であった起案文書を、「やり直し」という言葉とともに、きれいに目の前で２つに破かれたことがあります。

まだ若かった私は体が震え、自分を抑えるのがやっとでした。しかし、しばらくたってわかりました。その起案文は前例踏襲で、何ら意思が入っていなかった。そのことを指導してくださっていたのです。

人生とは奇なり！　巡り巡って、この方は、千葉市に次長としていらっしゃいました。今でも年１回、千葉市へ足を運んでくださり杯を交わし、厚生省（当時）・厚生労働省派遣職員を大切にしてくださっています。

第7章

「あの人の下で働いてみたい」と言われるマネジャーの心得

マネジャーによってチームのあり方が違ってくることは経験済みでしょう。スタッフの信頼を得ることができるのはどのようなマネジャーでしょうか。信頼を結ぶための心得を紹介します。

1

よきマネジャーは、演じているうちに染みついてくる

個人的な負の感情を出してはならない

朝出勤して、「今日は機嫌が悪い」と第一声を発するマネジャーを、皆さんはどう思いますか。これは私が目の当たりにした実話です。これが「体調が悪い」なら、「無理しないでください」「私たちに任せて早く帰ってください」となるでしょうが、「機嫌が悪い」って……。

ある自治体が実施した調査では、「部下から見てモチベーションが下がってしまう上司の行動例」の一つとして、次のように記載されています。

「感情的、圧迫的な物言いをすることがあり、部下が委縮して相談しにくい雰囲気がある」

学校の先生を思い出してみてください。先生も本当は個別の事情を抱えています。ときには体調不良のこともあったでしょうが、それで力を抜いたら子どもたちの見本とはなりません。大学を出たばかりの新任の先生もいますが、先生が「はじめてなのでわかりません」とあいさつしたら、クラス運営は成り立たないでしょう。失恋したての先生の「今日は落ち込んでいるので自習にします（冗談）」であれば、子どもたちにはウケるかもしれませんが。

マネジャーを演じる

私は、**チームマネジャーとは「演じる」もの**だと思っています。個人的な悩みを抱えていても、それが仕事やスタッフの心理に影響を及ぼすようであればプロ失格です。ただし、個人的な悩みを風通しのよい職場環境づくりやチーム力向上に転化できる腕前があるのであれば話は別です。「また夫婦喧嘩しちゃったんだけど、いいプレゼント知ってる？」といった具合です。ただ、未婚のスタッフなどがどう思うかわかりませんので、相手にもよりますが。

ところで、私たちは聖人君子ではありません。ですから、個人的な悩みを抱えているときは、元気を演じる「カラ元気」でいいのです。

たとえカラ元気であっても、「おはようございます」と大きな声で明るく入室すれば、スタッフはこれに応えてくれますし、部屋の雰囲気も明るくなります。はじめに明るく入室すれば、あとは自ずとそのスタンスで1日続けることができます。それを2日、3日、1週間、1か月続ければ、それはもはや皆さん自身です。

芸人さんも四六時中人を笑わせるようなことを言っているわけではありません。仕事であり、だからこそギャラがもらえるのです。マネジャーには、**チームを円滑に回すことも仕事の一つ**に入っていて、その対価は、スタッフよりも高額なマネジャーとしての給与や手当の中に入っているのです。

それでも、スタッフとの人間関係ができてくると、カラ元気はスタッフに見抜かれます。私も「安部さん、疲れてますね」と言われることがあります。私のことを気にかけてくれるスタッフに感謝し、こうした人間関係が構築できていることをうれしく思いつつも、まだまだ演じ切れていないなと思います。

さらに、**ときにはエンターテイナー**になるのもよいでしょう。

スタッフに対する日ごろの感謝はなかなか伝えづらいものです。しかし、我が国には感謝の気持ちを物にのせて伝える文化があります。私は、クリスマスやバレンタインにあえてベタなハート型のチョコにメッセージを添えて全てのスタッフに送ったりしています。

しかし、ときにこれと似て非なるものに「エサで釣る」タイプの振る舞いがあります。普段はスタッフに関心もないのにお菓子をバラまくタイプです。人はそれほど安いものではありません。これで人心掌握できると思っていたら大間違いで、逆効果になってしまいます。

モチベーションを上げる行動をとろう

先に挙げた調査の中で、先ほどの項目とは反対に、「部下から見てモチベーションが上がる上司の行動例」として列挙されている内容は次のとおりです。

・日ごろから分け隔てなく部下に話しかけてくれるので、いざというときに気軽に相談しやすい。
・他部署等との調整が困難なとき、率先して交渉してくれるので業務がやりやすい。
・業務の見直しを積極的に行い、職員の業務負担の軽減を図ってくれている。

・部下の家庭状況や健康状態を気に掛け、業務分担や休暇取得に配慮してくれるので働きやすい。

こうしたマネジャー像を参考に、それが皆さん自身となるまで演じましょう。

ところで、よきマネジャーを演じるにあたって、モデルがあれば演じやすいですね。そのモデルとなるのは……もうおわかりですね、これまでのマネジャーの中で、よい印象を受けた方です。その方をまね、そうでなかったことはやらない、これだけです。

実は、本書で述べていることは、私自身がかつての上司や先輩から陰に陽に教えていただいたことを体系立てて紹介しているにすぎません。中には、大変残念なことにすでに他界された方もいらっしゃいますが、その教えは後進の者の中に、こうして生きています。

さあ、**次は、皆さんがモデルとなる番**です。

ポイント

モデルとなって、よきマネジャー像を伝えていく

2

2UP思考で組織の方向性を誤らない

ムダと誤りを防ぐ2UP思考

皆さんが最も徒労感を感じるのはどのようなときですか。「膨大な事務処理を抱えて先が見えないとき」「住民対応がうまくいかないとき」など、いろいろありますが、「上司の意向で政策の方向性が二転三転するとき」もその１つではないでしょうか。

係としてはA案で進めることにしたのに、課長のところでB案、部長のところでC案、挙げ句の果てに首長のところでD案に。スタッフはそのたびに振り回され、廃案となれば、ほとんどが無駄な作業だったということになってしまいます。

特に、一生懸命に取り組んできたスタッフほど徒労感は大きなものです。朝令暮改の結果となる指示を出した皆さんの力量にも疑問符が付いてしまいます。

そこでおすすめしたいのが、「2UP思考」です。これは、**自分が2つ上の職責であったら、どういう資料がほしいか、どういう説明を求めるか意識して仕事をする**ということです。たとえば、係長であれば、2つ上位の階層である部長を想定して、「部長ならどう考えるだろうか」と思いを巡らせながら企画立案することをいいます。

では、なぜ1つ上の階層ではだめなのでしょうか。それは、課長は、自らの判断を下す際に、部長の反応をも考えながら判断するものだからです。

課長や部長の考え方は、定期面接があれば、その際に確認できますが、そうでない場合、**一定の検討材料がそろった段階でレクチャー（個別説明）に入り、方向性を確認**します。スタッフには次のように指示しましょう。

「我々はA案が最善と判断しますが、理由が不明確だと課長や部長は判断できません。そこで、これまで検討した全ての案の長短がわかる表を作成し、そのうえで、A案を選ぶ理由を書きましょう。A案の資料を全て作成してからだと時間が掛かり、課長が他の案を採用したら手戻りになります。まずは現時点の方向性を確認してもらいましょう」

働き方改革の時代、スタッフに無駄な作業はさせないように配慮し、マネジャー自身がそのモデルを示しましょう。

ＯＪＴへの活用

「２ＵＰ思考」は、さまざまな場面で活用できますが、ＯＪＴに取り入れることで、必要な指導を的確に行うことができます。「資料作成」における実践例を紹介します。

係内検討用の基礎資料作成を、「２ＵＰ思考」を用いて、上位者提出用の資料作成の練習機会にします。通常係内用であれば、最小の組織単位で使うものであり、メンバーも事業に精通しているので、資料の量や形式には無駄にこだわる必要もないでしょう。しかし、「部長（や課長）」に渡す資料の場合、押さえるべきことは異なります。たとえば、冗長に書くことよりもコンパクトにまとめることのほうが難易度が高いのですが、相手が上位者の場合、短時間でポイントを押さえた説明が求められます。必要な情報を押さえ、**１ペーパーでまとめる訓練**の機会としましょう。

【押さえるべき情報の例】
現状、背景、経緯／課題、問題点／解決方法（選択肢が複数の場合、概要及び長短比較）／スケジュール／他都市の事例／根拠規定

また、解決方法や長短比較表を作成させるにあたり、「課長や部長ならどう考えるか」を想定させます。課長や部長には外部対応がありますが、一般に「外部」といっても、それが住民か、議会か、それともメディアかによって少しずつ説明の仕方が異なってくる場合があります。事務的にはA案が最善でも、それがいわゆる野党会派にはどのように映るか、メディアはどのように報道するかといった視点が必要です。

こうした観点をも加味して資料を作成させることは、手戻りの少ない効果的な資料をつくるための、貴重なＯＪＴとなります。さらに、その資料をもとにチーム内で議論するとよいでしょう。担当者とマネジャーだけでは気付かなかった新たな論点が出てくることもあります。係という小さな単位で多くの議論を重ねておくことは、スタッフにとって、上位者や外部からの質問に答える予行演習ともなります。

チーム起点の事務的な視点に加え、複眼的に物事を見る目を養いましょう。

ポイント

2 ＵＰ思考をＯＪＴに取り入れ、モデルを示す

3　スケジュールは5つの段階で考える

いつも仕事がバタバタで後手に回っていると、マネジャーとしての力量が問われます。計画的に仕事をこなすスマートなマネジャーとなるためには、**全体の期間を4分割または3分割**して計画的に進め、進捗管理していくことが効果的です。

全庁の仕事の流れとフィットさせる

スケジューリングの際には、自らの裁量では動かせない、より大きな流れをにらみながら行いましょう。

たとえば、新たな事業を開始する際には一般に予算を必要としますので、翌年度の予算案を審議する第１回定例議会のスケジュールに間に合わせないといけません。

こうした全庁の仕事の流れを踏まえると、おおむね次の流れでスケジューリングできます。

第1四半期	第2四半期	第3四半期	第4四半期
4月～6月	7月～9月	10月～12月	1月～3月
課題設定、分析、先例調査	方針決定	予算案作成、条例案等の作成	議会対応、広報

森から木へとブレイクダウンする

より実行力の高いスケジューリングのために、5つの段階を踏みましょう。

【第一段階】

「木を見て森を見ず」ということわざがあります。スケジューリングに当てはめると、**四半期ごとにやるべきことを決める**のが「森」です。まず、森を決めることが第一段階。次に、各四半期の目標を達成するにはどのような「木」をどのような順番で植えていったらよいか、ブレイクダウンしていきます。

【第二段階】

第１四半期の場合、３か月間ありますので、やるべきことを「４月中」「５月中」「６月中」の３つに分割し、具体的作業を割り振ります。**年度当初の段階では、このレベル（月ごと）までの可視化**ができていればいいでしょう。

【第三段階】

各月末に、その月の進捗状況を振り返りながら翌月実施すべきことを検討し、「上旬」「中旬」「下旬」に３分割して割り振っていきます。

【第四段階】

第３段階までブレイクダウンできると、毎週実施すべきこと、そして、各週の中では、その前半までになすべきことが自ずと見えてきます。

【第五段階】

最後に、１日のスケジュールを考えます。ところで、人間には、集中できる時間に限界があります。企画立案のようにクリアな精神状態で臨むべき仕事は朝一番にやりましょう。午後はだんだんと疲労が蓄積するため、午後後半は、ルーティンワークに充てましょう。このように、人間の特性を踏まえて、**「10時半まで」「12時まで」**「**15**

時まで」「17時まで」と時間ごとの仕事をイメージしながら出勤すると、いすに座ってから「さて今日は何をやろう」ではなく、直ちに全力疾走ができる人材となります。

対外調整を優先させる

スケジューリングのポイントには、対外調整を優先させるということがあります。こちらが急いでいて「明日までにお願いします」と言っても、庁内他課や外部組織といった相手方もそれぞれ仕事を抱えており、こちらの思いどおりにはいきません。そもそも、相手の都合を考えない期限設定は礼を失し、信頼関係を損ねる可能性もあります。相手が余裕をもって対応できるよう、対外調整は早めにスタートさせましょう。そして、**相手の回答を待つ間に、皆さんは皆さんの仕事を進めればよい**のです。

ポイント

自ら皆のスケジューリングのモデルとなる

4 情報収集は恒常的かつ戦略的だと効果的

紙媒体・電子媒体併用によるハイブリッド情報収集

近年、インターネットが普及し、情報収集は格段に容易になりました。「何かあれば」ネット検索すればすぐに情報を取得できます。

しかし、「何かあれば」というのは受け身であり、逆に「何もなければ」情報収集しないことになってしまいます。現代は、自治体間における政策競争の時代でもありますから、**政策情報を恒常的かつ戦略的にキャッチしておく必要があります。**

ところで、雑誌や本など紙媒体での情報収集とインターネットでの情報収集には、情報の深みや新鮮さなどの点でそれぞれに長所があります。

まず、紙媒体による情報収集には、どのような長所があるでしょうか。

紙媒体には、新聞、雑誌等の定期刊行物と本とがあります。定期刊行物のよいところは、申し込んでおけば届けられるということです。すなわち、「届けられてしまえば読まなければもったいない」、すると「読まざるを得ない」、つまり「情報収集が習慣化する」というサイクルです。

紙媒体による定期刊行物のうち、**新聞の長所は「総合性」**です。特定のジャンルに偏ることがありません。また、世界、都道府県、そして市町村で起こっていることについて、総合的に情報収集ができます。さらに、社説を読むと、行政の対応について批判的な論調で書かれていることが多いため、メディア側の考え方を知ることができ、仮に取材を受けたらどう答えるかシミュレートする機会としても使えます。

次に、**月刊等の行政雑誌の長所は、行政情報に絞ってニュースを届けてくれる「専門性」です。また、各号で特集されるテーマについて、その背景や先例を集めているため「効率性」にも優れています。**私は、定期購読している行政雑誌を保存していますが、人事異動があると、新たに配属となる分野を特集したバックナンバーを読み、その分野の行政課題やトレンドを理解したうえで着任することにしています。

さて、本の長所は論を俟ちませんが、特定分野について体系的に理解したり、深掘りしたり、著者の立ち位置の違いによる見方の相違を理解したりするのに効果的です。

電子媒体の長所は最新情報の収集ですが、短所として、時の経過とともにいつの間にか情報が消滅してしまう可能性やフェイク度が高いことが挙げられます。

しかし、電子媒体も、住民が触れる情報として、確認しておきましょう。

「今朝のネットニュースにこんな情報が載っていましたが……」という住民からの問い合わせがくることもあります。また、インターネットの普及で、住民もほかの自治体の政策情報に容易にアクセスして情報を得ています。

紙媒体・電子媒体双方の特徴を踏まえたハイブリッドな情報収集を心がけましょう。

ライブでの情報収集は一生の財産になる

皆さんは、仕事をする中で、「学生時代にもっと勉強しておけばよかった」と思ったことはありませんか。学生時代には何の役に立つかわからなかった講義も、社会人の今だからこそ、その必要性に気付くことがあります。また、今だからこそ必要とされる未習得のスキルや知識に気付くこともあります。

今からでも遅くはありません。自ら情報を収集しに行きましょう。

たとえば、無料または低廉な費用で開催している有識者の講演を聞き、学ぶことができます。講演会はその場限りですが、ライブで声を聞き、ポイントをつかんだ頭でその講師が書いた本を読むと、理解度が異なります。

また、学会に入会する手法もあります。一例として、自治体職員と行政学者を中心に構成された「自治体学会」は、誰でも加入できます。**皆さんの自治体で抱えている課題は、往々にしてほかの自治体でも抱えていたりするもの**です。学会における交流の中で、解決の糸口がつかめるかもしれません。

さらに、社会人になってから大学や大学院へ入ることも珍しいことではなくなってきました。社会人向けに夜間・土日や通信制で開講しているところもあります。また、大学派遣などの制度がある自治体もありますので、調べてみてください。

こうしたライブでの経験は、一生の財産となることでしょう。

他自治体の情報は課題解決に活かす

自治体間で年1回程度情報交換のための会議を開催していることは多いと思いますが、ルーティンワーク化し、これを活用できていないケースも多く見受けられます。

このような協議の場への参加は、皆さんの自治体における課題について、ほかの自治体での取組方法を知る貴重な機会です。類似の自治体で実現できているという事実が、皆さんの自治体を動かす契機にもなります。皆さんの自治体における課題を解決するため、戦略的に活用しましょう。

普段から戦略的に情報収集しておくと、上位者からの突然の問いかけにもある程度は受け答えができる**「政策情報に明るい職員」**となりますし、自らのマネジャーが政策情報に明るいということは、スタッフの見本ともなります。

私はかつて、上司に誘われて政策情報の講演会へ行ったことがあります。座って聞いているだけと思っていたら、質疑応答の時間に、その上司が手を挙げて質問されました。口にはされませんでしたが「聞いているだけではダメなんだよ、情報は自分で取りにいくんだよ」と身をもって教えてくれたのだと思っています。

ポイント

「政策情報に明るい職員」の見本となる

5

一人一改善・一人一研修のススメでチームの意識を向上させる

一人一改善のススメ

一見、どんなにうまくいっているように見える組織であっても、課題が皆無ということはありません、というより、あり得ません。仕事中にいらっとしたこと、居酒屋で出る本音、住民からの苦情、その全てが改善の種です。大切にしましょう。

そして、往々にしてスタッフが気付かない、または忘れてしまっていることが**「その課題を改める力は、自分やチームの中にある」**ということなのです。

「改善・改革」というと、自分には関係のないことと思っているスタッフがいるかもしれません。むしろ、「改善・改革せよ」と言うと、かえって現状維持の理屈を探してしまうものです。それでは、「仕事で面倒くさいと思っていることはない？」と問いかければどうでしょう。誰しも一つや二つはあるのではないでしょうか。それをやりやすく変えるよう提案します。これだけで立派な改善です。

私はこれを**「北風と太陽」**にたとえています。改革風をびゅうびゅう吹かせると、人はコートをはがされまいとかえって身を固くします。改革したほうが楽になるよ、といえば自ら進んでコートを脱ぐものです。

ぜひ、年度当初の個別面接で、「仕事上で面倒くさいと思っていることはない？」などと問いかけてみてください。そして、スタッフから出された意見が誤っていなければ、それを改善するよう促すとともに、支援しましょう。

また、**マネジャー自身による率先垂範**も大切です。

以前、クレーマーが多いというスタッフからの報告を聞き、交渉の上、プロ講師による職場研修を実施したり、公費負担ゼロでイベントを開催するために、近隣の事業者を回り、協賛金を集めたことがあります。これらはチームにとって初の取組みであり、改善や新しいことにも取り組む姿を見せることになりました。

こうした様子を見せることで、スタッフは、これまで変えられないと思っていたことを変えたマネジャーに感謝するとともに、自らの力でも変えることができる可能性に気付き、改善が根付いていくことでしょう。

一人一研修のススメ

業務多忙で研修に行けない・研修に出せないとは、よく聞く声です。しかし、新たな知識を吸収しないと人は成長しません。**多忙であればこそ、その状況を改める人材を育成していかなければなりません。**

ヒト、モノ、カネ、情報という4つの行政資源の中で、ヒト＝人材は、自ら能力を高めていくことができるという点で、その他の行政資源と決定的に異なります。また、モノ、カネ、情報という資源をいかに獲得し、いかに活用し、どれだけの成果に結び付けるかは、一人ひとりの人材の手腕にかかっているのです。

ぜひ、**年度当初の個別面接やミーティングの機会をとらえ、一人一研修に参加するよう奨励**しましょう。

「鉄は熱いうちに打て」といいます。若くて柔軟なうちに、鋼となるよう鍛えるのです。「かわいい子には旅をさせよ」ともいいます。年齢を重ねるにつれ、だんだんと研修にも出られなくなってきます。研修機会は若いうちに数多く与えることです。

また、上半期までに研修に参加していないスタッフがいれば、中間面接の際に、下半期での自主的な参加を促したり、スタッフに応じた具体的なプログラムを提示して、マネジャーとしての本気度を示しましょう。

ここでも率先垂範です。私は、１年間で、必修研修以外の研修に２つ参加するようにしています。自ら参加することにより、自分自身にとって勉強となることもさることながら、**「本当に行ってもいいんだ」とスタッフに理解してもらう**ことができます。

さらに、皆さんの自治体で用意されている研修以外に、関係する講演会やセミナーがないか、アンテナを立てておきましょう。行政雑誌には講演会やセミナーの告知が出ています。皆さんの地元の大学で、地域貢献のために公開講座を開催していることもあります。こうした情報をスタッフに提供するとともに、参加を促しましょう。外部でのこうした機会は、「井の中の蛙」化防止に役立ちます。

ところで、研修結果を報告させる自治体は多いと思います。しかし、その報告内容が、「役に立った」「ためになった」というだけでは、本当の役には立っていません。

ぜひ、**「自身の自治体・チームにおける適用」**も報告させましょう。これは、「研修成果を皆さんの自治体・チームで実践するとしたら、どのように取り入れるか」ということです。これを考えてもらうことは、往々にして成果が疑われることもある研修に当事者性を生みます。プランニングを経験させることにもなりますし、前述した改善・改革につながる成果を生むかもしれません。

有意義な内容であれば、ぜひチームミーティングの際に発表してもらいましょう。そして、チームとしての改善・改革につなげます。直接的な研修成果である個人力の向上を、個人の中だけにとどまらせるのでなく、**チーム力の向上へと結び付けていく**のです。

研修受講を促すことで、自分のマネジャーは、スタッフを成長させてくれる人か、その場限りの労働力としてしか見ていないか、スタッフは肌身で感じ取るものです。

本書では、「一人一改善」「一人一研修」と著していますが、もちろん一人一つに限るものではなく、「一人一（以上）改善」「一人一（以上）研修」を求めたいところです。

ポイント

改善を自分ごと化、研修成果を現実化させる

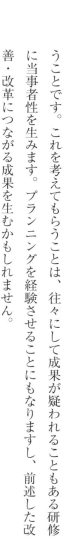

6

仕事を通じた自己実現でロールモデルとなる

キャリア形成は職業人生を輝かせる

市町村職員中央研修所（市町村アカデミー）教授のときに、研修生である自治体職員に必ず贈ってきた言葉があります。それは、

「誰でもいいからこれやって、ではなく、皆さんにしかできないからこの仕事をやってほしい、と言われる職員になれ」

ということです。実は、この言葉は私のオリジナルではなく、小学校の恩師である佐久間博美先生が、卒業式の日に贈ってくださった言葉です。

私たち自治体職員の仕事は多岐にわたり、専門店ではなく「百貨店」（デパート）にたとえられます。福祉→税→環境→戸籍→教育のように分野をまたぐ人事異動は、

「転職」にもたとえられます。こうした人事異動が行われるのは、総合行政を展開する自治体として、職員個人の知見の偏りをなくしバランスを整えるとともに、組織の活性化にも寄与させるためです。しかし、全ての職員をシャッフルしていたのでは専門性が失われ、複雑高度化する行政ニーズに対応できません。

一般的事務処理能力に着目して新規一括採用するメンバーシップ型採用が一般的な自治体において、仕事における自らの適性は、実際に経験してみないとわかりません。そこで、組織としては、若手のうちにジョブローテーションで多くの仕事を経験させ、各職員がライフワークとしたいと思える分野を見出させることが必要であり、職員個人には、その分野を究めていくことにより、自分にしかできないレベルで専門性を身につけていくことが求められます。

こうしたキャリアデザインに積極的に取り組んでいる自治体があります。「日本一の職員づくり」を標榜している静岡県藤枝市です。藤枝市では、「スペシャル・ジェネラリスト」の育成に力を入れています。これは、幅広い知識や技術といった職員として必要なベース（総合力）の上に、各自が得意とする専門力（強みとなる分野）を持った職員を組織的に育成していく取組みです。採用後おおむね10年間をジェネラリスト養成期間とし、この間は3年程度で各部門を異動させ、幅広い実務経験を積ませます。10年経過後からスペシャリスト養成期間に入り、職員は、長期的な視野に立ったキャリアプランを作成したうえで、伸ばしたい能力等を意識した研修受講、資格取得に努め、キャリアを実現していくというものです。

私は、**仕事を通じた自己実現こそが、職業人生の中で最高の価値を持つ**ものと考えています。キャリアを築きにくいといわれる自治体職員にも、自らキャリアを描く道は存在するのです。

ロールモデルとなる

皆さんがスタッフだったら、どちらのマネジャーの下で働きたいでしょうか。

・仕事を通じた自己実現ができていて、いきいきと取り組んでいるマネジャー
・不本意な配属にぶつぶつ言いながら日々をやり過ごしているマネジャー

皆さん自身が仕事を通じて自己実現できていることは、スタッフにもよい影響を与えます。もしかすると、スタッフの心の中で「あなたのようになりたい」とロールモデル化しているかもしれません。

自分の今のキャリアが必ずしも本意ではないマネジャーもいることでしょう。しかし、考えてみてください。キャリアには、役職、分野、部門の3種があります。分野とは福祉、税、環境、教育といったジャンルを指し、部門とは窓口部門、事業部門、管理部門といった類型を指します。役職や分野は本人の意向と違ったとしても、窓口が得意な人はどの窓口でも通用するでしょうし、計画策定に経験がある人も同じです。

3種のキャリアのうち、いずれかには該当しているのではないでしょうか。

3種のキャリアのいずれにも該当しない場合、それは自身のキャリアを広げる過程にあるということです。**心の奥底にあった真意は封印し、「不本意だ」と考えるのはやめ、自らの成長の過程を楽しみましょう。**

また、所属とは異なるロールモデルもあります。たとえば、育児と仕事の両立ができているマネジャーです。女性の活躍の観点から女性がモデルとして取り上げられることが多いですが、両性ともにあり得ます。ほかに、スケジューリングに長け、ONとOFFの切り替えが上手で充実した人生を送っているマネジャー、クレーマー対応に長け、どんな相手でも納得させ、あまつさえいつの間にか味方に変えてしまうマネジャー、パソコン操作が得意で、膨大な時間を掛け、手作業で行っていた仕事を瞬時に処理してしまうマネジャー、そのどれもがロールモデルです。

「ロールモデルになろう」と意気込む必要はありません。マネジャーが頑張っている姿は、必ずやスタッフに伝播します。マネジャー自身が輝いていれば、自ずとスタッフの心の中でロールモデルになっていくものなのです。そのことにスタッフが気付くのは、今、皆さんと同じチームにいるときかもしれませんし、皆さんが去った後かもしれません。それでいいのです。

「記録より記憶に残る選手になりたい」と言ったスポーツ選手がいました。小学校6年間、中学校3年間、高校3年間、大学4年間、そのどれよりも、職場で過ごす期間のほうがずっと長い。この中で築く人間関係は、皆さんの人生の中で大きな部分を占めます。そのうえで、皆さんが率いるチームのスタッフは毎年度変わっていきます。多くのスタッフにとって、**記憶に残るマネジャー**でありたいものです。

ポイント

マネジャー自身が輝いていれば、自ずとロールモデルになっていく

COLUMN 7

「あの人の下で働きたい」モデルのエピソード

◎いつでも Welcome!

現役なのでお名前を伏せさせていただくのが残念ですが、その方は、超多忙なポストにもかかわらず、いつでも Welcome! モードで、部下に嫌な顔を見せたことがありません。ほかの方にも共通なのですが、「大人物」とはこうした方をいうのだな、とつくづく思います。

◎訴えてもらって構わない

当時私は情報公開の担当でした。所管課でラチのあかなかった住民は、最終的に情報公開を求めます。このためクレーマー化していることもしばしば。そんな職場で、はじめてマネジャーとなった私への教えです。

「クレームは2回までは聞け。しかし、同じことを3回繰り返すようであれば、〝千葉市としての見解は変わりませんので、第三者に判断してもらうしかありません。裁判に訴えていただいて構いません〟と言ってよい。大抵は、〝高圧的に出れば市役所は折れる〟と思っているが、第三者化してよいとなると〝これ以上は無理だ〟と理解して、実際に訴えることはない」。この教えには救われました。

◎Bad news ほど早く上げろ

情けないことに、個人情報の担当でもあったにもかかわらず、封筒のあて先と中身とが違う「誤送付」を犯しそうになったことがあります。

気付いたのはポストに投函した瞬間でした。すぐにこの上司へ報告しました。しばし沈黙の後、「それはまだ個人情報の漏洩とはいえないのではないか」とおっしゃいました。曰く、「相手が開封して中身を見てしまったら漏洩だろう。しかし、投函したばかりならまだ大丈夫だ。電話でお詫びして配達時刻を聞き出し、明日その時刻に回収させてもらいなさい」

処分覚悟で報告した私には、このウルトラ C の対処法が神の言葉に聞こえました。叱責ばかりで No idea の上司であれば報告を躊躇したかもしれません。これを可能にしたのは、上司がいつでも Welcome! モードでいてくださったからだと思っています。

おわりに

私は、小学校では児童会長、中学校では生徒会長、高校では応援団長、大学時代は塾講師をする機会に恵まれました。これらの機会を通して常に考えてきたことは、人はどのように話せば話を聞いてくれるか、どのように促せば快く動いてくれるかということです。

千葉市職員となり、多くの上司・先輩・同僚・後輩に恵まれました。また、自治体職員としての一般的な経験に加え、三度の出向を経験しています。一度目は、厚生省（当時）へ派遣となり、国家公務員の働き方を学ばせていただきました。二度目は、千葉大学大学院へ研修派遣となり、研究の傍らさまざまな自治体をウォッチングする機会を得ました。三度目は、市町村職員中央研修所（市町村アカデミー）へ派遣となり、最新の理論や全国の自治体におけるさまざまな取組みを知る機会を得ました。これらの多くの経験から得た知見を、私なりに還元させていただくのが本書の眼目です。

公務員の仕事は、隣席の営業マンを出し抜いて営業成績を競い合うようなものではありません。また、称賛されるような仕事も、「あれは○○さんがやった仕事だ」ではなく、「あれは○○課の仕事だ」と評価されます。反対に、担当者不在の際の住民からの問い合わせに、「担当者が不在なのでわかりません」で通用するものではありません。チームで臨んでいくのが公務なのです。

しかし、最近では、仕事でもメールでやり取りする機会が増え、フレックスタイム制やテレワークを導入する自治体もあり、スタッフが顔を合わせる機会が減少しています。また、文字どおりチームで力を合わせなければ乗り切れないような、マンパワーを大量に必要とする仕事は民間委託化され、皆で汗かく経験も少なくなりました。

このように、チームワークを経験する機会が減ってきている現代において、かつては実体験を重ねる中で、上司や先輩の動きを見ていれば自然に身についたチームマネジメントも、学ぶ機会を主体的につくっていく必要が生じてきました。

ところで、自然科学であれば、物質Aと物質Bを化合すれば物質Cができるといった実験ができ、それが理論となります。他方、人はこうすればこう動くという法則性を見出すのは社会科学の領域であり、先進的な取組みを行っている自治体は、社会実験に取り組んでいるという見方もできます。後進の自治体は、先例における成功例、失敗例から学び取ることができるからです。

先進自治体やそれに続く自治体の実践が積み重なって理論となり、その理論はまたほかの自治体が実践で活用していくことになります。

この有名な話には、「割れ窓理論」があります。これは、軽微な犯罪も徹底的に取り締まることで、凶悪犯罪を含めた犯罪をも抑止するという理論です。地域で実践されたことが理論となり、やがてはニューヨーク市の治安回復政策にも採用されました。

私は、自治体にとって、理論と実践の往復活動が大切だと考えています。理論だけでは行政課題は解決しません。実践だけではポリシーのない行き当たりばったりの展開になってしまいます。理論に裏打ちされた実践は、説得力がある、成功可能性の高い取組みになるはずです。

日本には47の都道府県、1741の市区町村があり、これらの自治体とその職員が日々社会実験を行っているのです。これを自身と組織に活用しない手はありません。

本書は、私なりの40年間にわたる社会実験の成果ともいえます。ご紹介させていただいた中で、読者の皆さんにとって一つでも得心のいくことがあれば、ぜひ実践していただけたら幸いです。

＊＊＊

本書の刊行にあたり、まず二人の恩師に御礼を申し上げたいと思います。

お一人は、明治大学名誉教授（行政学、都市政策）の中邨章先生です。大学時代、決して熱心な学生であったとはいえない私を見捨てることなく育ててくださいました。現在私が携わっているプロジェクトに関連して昨年開催したシンポジウムに、パネリストとして一緒にご登壇いただいたことが最近の思い出です。

もうお一人は、東京大学名誉教授（行政学、地方自治論）の大森彌先生です。大森先生は、東京大学をご退官後、千葉大学教授に就任されご指導いただきました。先生がかかわられていた秋田県鷹巣町役場（当時）、神奈川県川崎市役所、三重県庁を訪問する機会を得て、ライブで研究活動を行う機会に恵まれました。

奇しくもお二方とも、今年傘寿を迎えられ、門下生による傘寿をお祝いする会が催されるところですが、ますますお元気であり、今後とも御教示賜れる幸せをかみしめております。

学恩に続き、両親に感謝させていただくことを御寛恕ください。父も同業であり、公務員としての処し方を今もって教えてくれております。母は、紆余曲折あった私を全幅の愛情をもって育ててくれました。今でも二人とも、志高く生きることの大切さを体現しており、本文中で職場の「お父さん」「お母さん」について述べましたが、生涯を通じて尊敬できる本当の「お父さん」「お母さん」です。

末筆とはなりましたが、上司・先輩・同僚・後輩など、私の人生にかかわってくださった全ての皆様、そして、全国300万人の公務員の中の一人に過ぎない私にこのような機会を与えてくださった学陽書房の根山萌子さんに、衷心より御礼を申し上げます。

本書中、意見に係る部分は筆者の私見であり、筆者の所属する組織の公式見解ではないことを申し添えます。

令和2年7月

安部　浩成

【参考文献】

大森彌『自治体行政学入門』（良書普及会、1987年）
大森彌『自治行政と住民の「元気」―続・自治体行政学入門―』（良書普及会、1990年）
大森彌『自治体職員論』（良書普及会、1994年）
大森彌『新版　分権改革と地方議会』（ぎょうせい、2002年）
大森彌編著『地域福祉と自治体行政』（ぎょうせい、2002年）
大森彌『官のシステム』（東京大学出版会、2006年）
大森彌『変化に挑戦する自治体―希望の自治体行政学―』（第一法規、2008年）
大森彌『自治体職員再論～人口減少時代を生き抜く～』（ぎょうせい、2015年）
大森彌『自治体の長とそれを支える人びと―希望の自治体行政学―』（第一法規、2016年）
大森彌『人口減少時代を生き抜く自治体―希望の自治体行政学―』（第一法規、2017年）
大森彌・大杉覚『これからの地方自治の教科書』（第一法規、2019年）

中邨章編著『自治責任と地方行政改革』（敬文堂、２０００年）
中邨章『自治体主権のシナリオ─ガバナンス・ＮＰＭ・市民社会─』（芦書房、２００３年）
中邨章編著『危機管理と行政─グローバル化社会への対応─』（ぎょうせい、２００５年）
中邨章『地方議会人の挑戦─議会改革の実績と課題』（ぎょうせい、２０１６年）
西尾勝『行政学〔新版〕』（有斐閣、２００１年）
小堀喜康『自治体の人事評価がよくわかる本─これからの人材マネジメントと人事評価─』（公人の友社、２０１５年）
高嶋直人『公務員のための人材マネジメントの教科書─部下を育て活かす90の手法─』（ぎょうせい、２０１９年）
童門冬二『小説　上杉鷹山〈上〉』（学陽書房、１９９５年）
童門冬二『小説　上杉鷹山〈下〉』（学陽書房、１９９５年）
山梨秀樹『伝えたいことが相手に届く！　公務員の言葉力』（ぎょうせい、２０１９年）
フィッシャー＆ユーリー『ハーバード流交渉術』（三笠書房、１９９０年）
松下幸之助『物の見方考え方』（ＰＨＰ文庫、１９８６年）

著者紹介

安部浩成（あべ・ひろしげ）

千葉市中央図書館館長。1993年千葉市役所に入庁。総務課、政策法務課、行政管理課、中央区税務課、保健医療課、障害者自立支援課、都市総務課、教育委員会企画課を経て、人材育成課長補佐、業務改革推進課行政改革担当課長、海辺活性化推進課長などを歴任。2019年より現職。厚生省（当時）や千葉大学大学院、市町村職員中央研修所（公益財団法人 全国市町村研修財団）への派遣を経験する。研修所では教授として、講義や研修企画等を通じた人材育成に携わる。雑誌寄稿は「新任昇任・昇格者の行動力」（『月刊ガバナンス』2020年３月号、ぎょうせい）他多数。人材育成と行政改革がライフワーク。趣味は旅とフィットネス。

はじめて部下を持ったら読む

公務員のチームマネジメント

2020年８月13日　初版発行

著　者　安《あ》部《べ》浩《ひろ》成《しげ》

発行者　佐久間重嘉

発行所　学 陽 書 房

〒102-0072　東京都千代田区飯田橋1-9-3

営業部／電話　03-3261-1111　FAX　03-5211-3300

編集部／電話　03-3261-1112　FAX　03-5211-3301

http://www.gakuyo.co.jp/　振替　00170-4-84240

ブックデザイン／佐藤 博

DTP 制作・印刷／精文堂印刷　　製本／東京美術紙工

 ISBN 978-4-313-15118-5 C0034